JN065024

本異界図典

監修 朝里 樹

GB

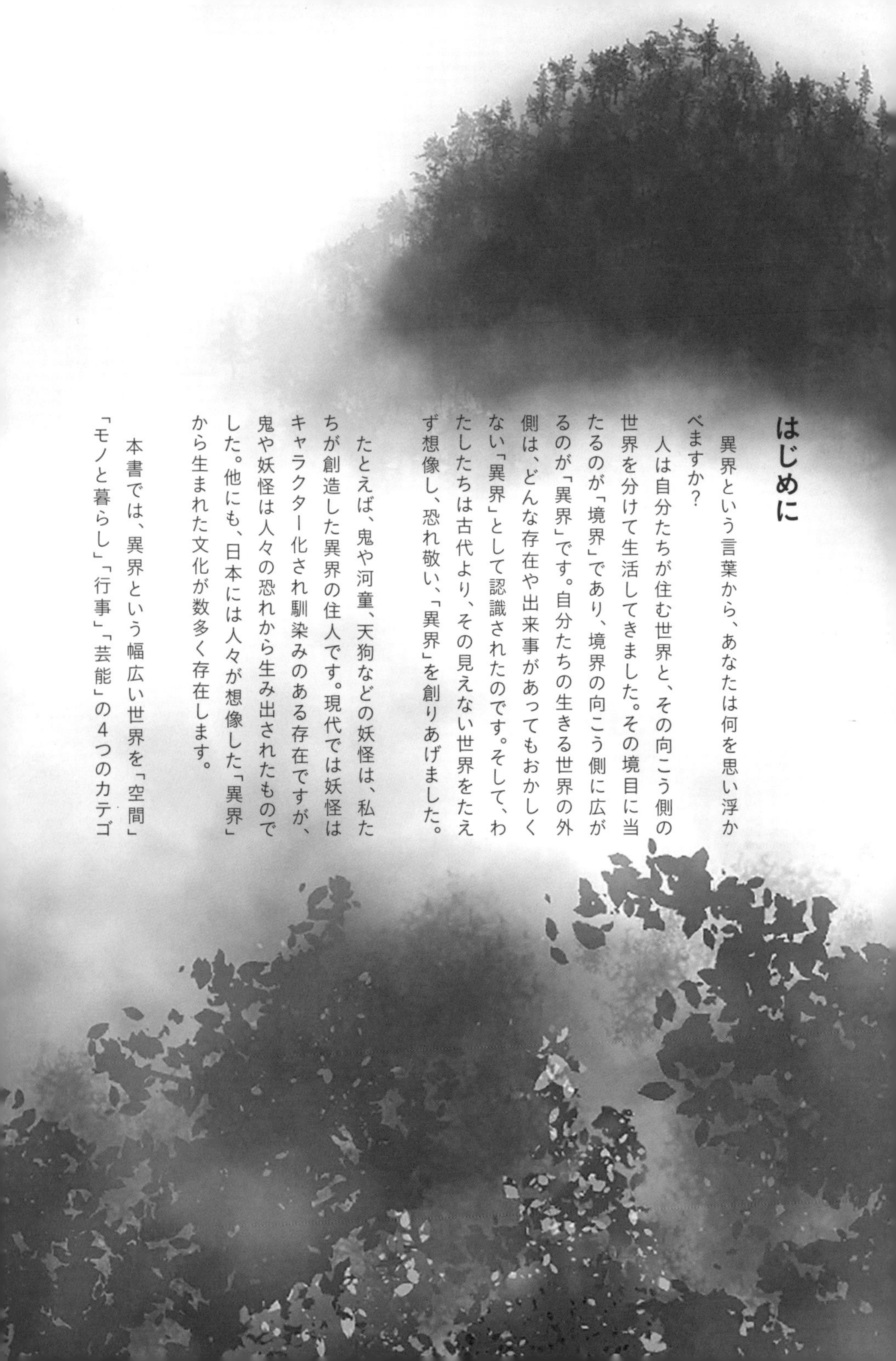

はじめに

異界という言葉から、あなたは何を思い浮かべますか？

人は自分たちが住む世界と、その向こう側の世界を分けて生活してきました。その境目に当たるのが「境界」であり、境界の向こう側に広がるのが「異界」です。自分たちの生きる世界の外側は、どんな存在や出来事があってもおかしくない「異界」として認識されたのです。そして、わたしたちは古代より、その見えない世界をたえず想像し、恐れ敬い、「異界」を創りあげました。

たとえば、鬼や河童、天狗などの妖怪は、私たちが創造した異界の住人です。現代では妖怪はキャラクター化され馴染みのある存在ですが、鬼や妖怪は人々の恐れから生み出されたものでした。他にも、日本には人々が想像した「異界」から生まれた文化が数多く存在します。

本書では、異界という幅広い世界を「空間」「モノと暮らし」「行事」「芸能」の４つのカテゴりに分けました。第1章の「空間」では、神社などの俗界に存在する異界的な場所や、時間や方角に潜む怪異的な概念を解説します。2章の「モノと暮らし」は、習俗や禁忌など異界と関わりのある文化を解説します。3章の「行事」では、年中行事から人々が異界とどう向き合ってきたのかを解説します。4章「芸能」では、能楽などの古典芸能にみられる異界から生まれた概念やしきたりを解説していきます。

日本全国の伝統や民俗の多様さを考えると、本書で異界のすべてを紹介することは不可能ですが、読み進めるうちに異界の概念が少しずつわかってくるはずです。日本の神秘的な光景を目にしたとき、その基本的なルーツを知っておくことで、古から続く伝統と歴史の重みを感じられることでしょう。あなたが異界へ近づくための入門書として手に取っていただければ幸いです。

朝里 樹

『日本異界図典』目次

序章

物語から読み解く異界の世界

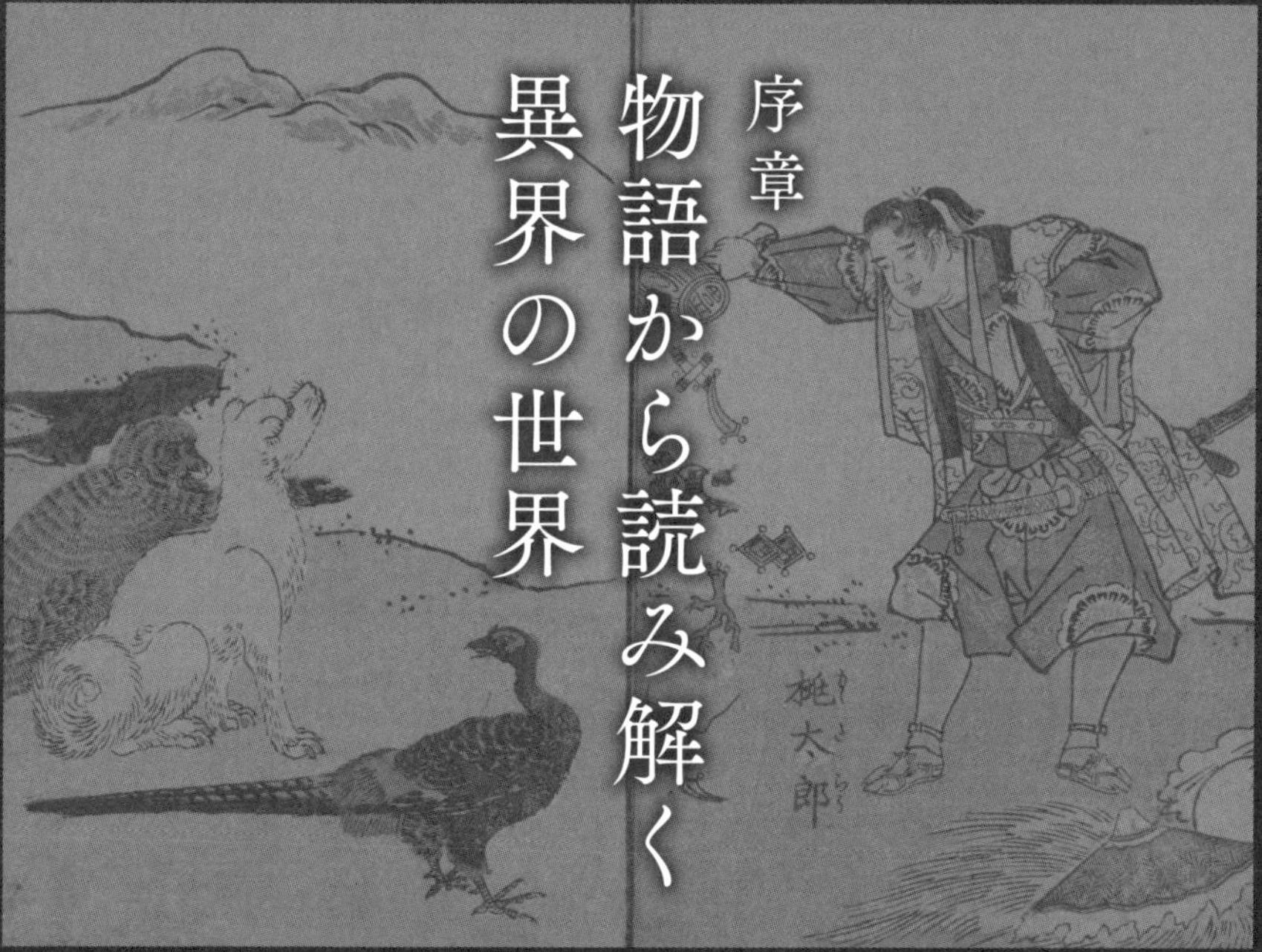

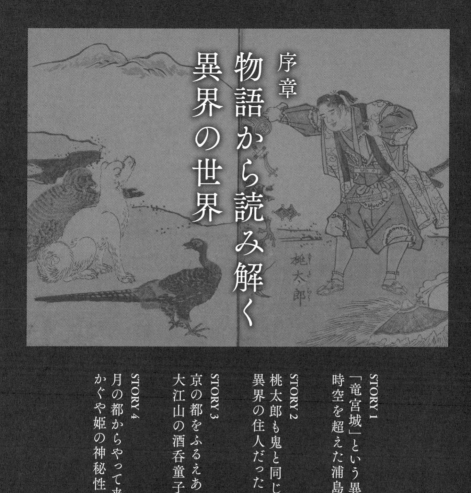

第1章 空間と異界

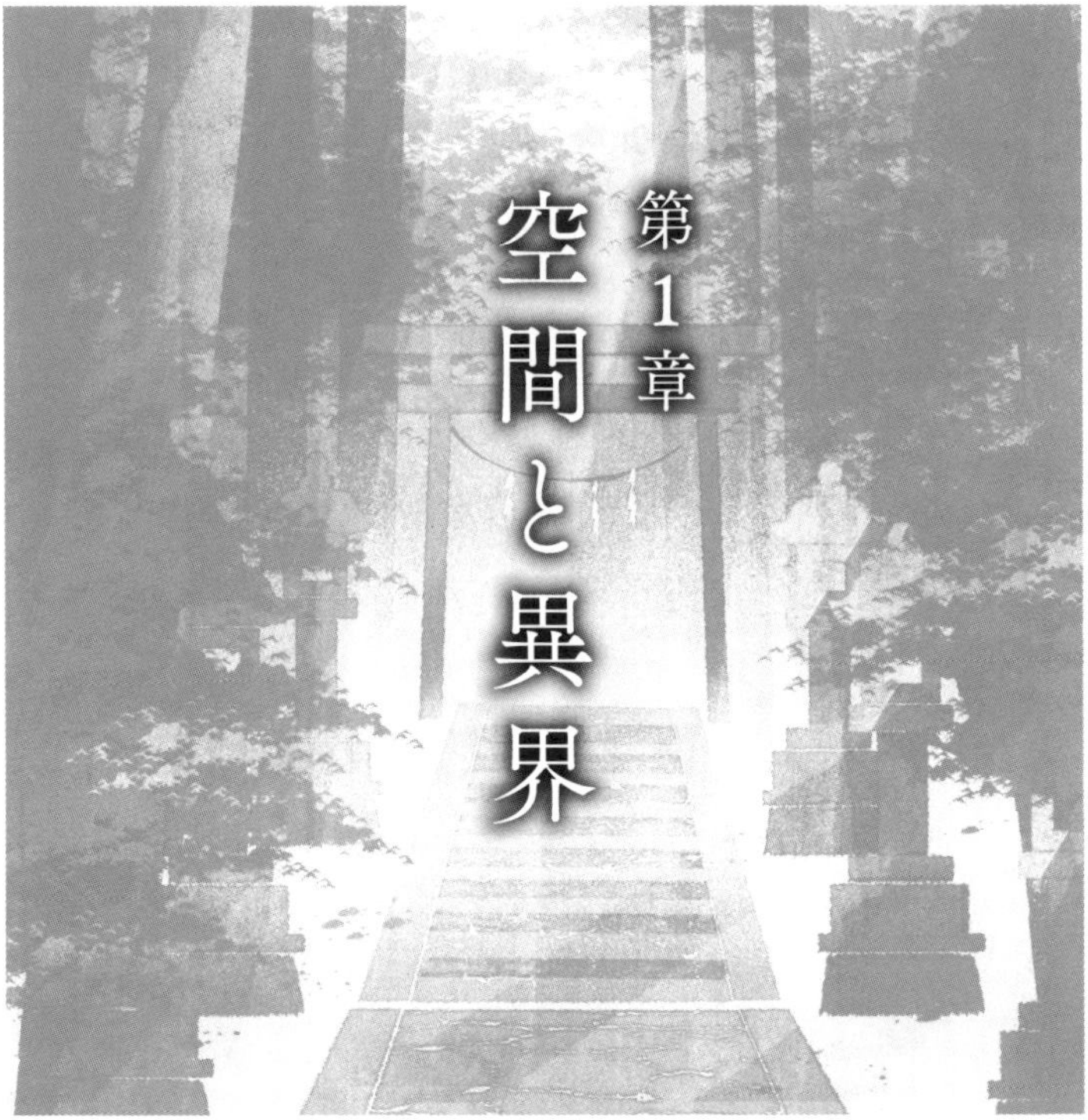

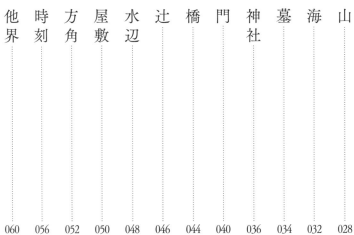

第2章 モノと暮らしと異界

第3章 行事と異界

第4章 芸能と異界

Prologue 1

「異界」とは何か？

「異界」とは、我々とは異なる魔と神が同居する闇の世界

異界とは、読んで字のごとく私たちの世界とは異なる世界のこと。古来、人々は異界の存在をまことしやかに信じ、独特の世界観を創造していった。彼らが築いた異界とはいかなるものなのかを詳しく探っていく。

異界とこの世をつなぐ境界線は身近にある

遥か昔、人々は人間界の外側には闇の世界が広がっていると考え、それを異界と表現した。異界の住人は、鬼や幽霊といったおぞましい存在だけでなく、崇めまつる神も含まれる。動物や虫などの生き物も、神聖な存在として捉えられることが多い。つまり、人間とは異なる者はみな、異界の住人ということになる。

ちなみに、異界という言葉は昔からあるわけではなく、近年になって広がったものである。それまでは他界という言葉が用いられていたが、異界と他界ではニュアンスが微妙に異なる。人間が属さない別の世界という意味において、他界と異界は同じであるものの、異界は他界よりも空間的に身近にある。

たとえば、村と村との境界線、十字路や三叉路《さんさろ》といった辻に、神像や地蔵などの石碑がひっそりと佇んでいるのを見たことがあるだろう。昔の人は空間的に区切られた場所に、異界とこの世の境界線があると考えていた。神像や地

江戸時代に描かれた妖怪退治のイラスト／歌川国芳『源頼光公館土蜘作妖怪図』

蔵を祀ったのは、異界から魔の侵入を防ぐためだ。

時間的な区切りにも境界線が存在する

空間的に他界とはニュアンスが違う異界だが、昔の人々は時間的にも異界とこの世の区切りをつけた。たとえば、元旦に迎える歳神様は、時間の境界線を超えて、異界からやって来ると考えられた。

また、1日の中にも境界線があると考え、逢魔《おうま》が時《とき》と呼ばれる夕暮れは、異界の住人である魔族や妖怪に遭遇する不吉な時間帯だとしている。

どちらにしても他界と異界というのは、同じようでいて異なるのである。

異界の初出は『古事記』からで、江戸時代には娯楽文化に発展した

鬼や幽霊、怨霊など、長い年月をかけて出来上がった異界の世界観。現代において、異界の住人が実在すると考える人はいないだろう。このような人間の価値観も、長い年月をかけて変わっていったのだ。

恐れの対象だった異界は娯楽の対象へと変遷

日本の文献に初めて異界が登場するのは、奈良時代に編纂された『古事記』である。天上の世界である高《たか》天原《まがはら》や、死後の世界である黄泉国《よみのくに》などの舞台は、まさにこの世とは異なる世界を表している。また、八岐大蛇《やまたのおろち》や八咫烏《やたがらす》といった異界の住人たちが数多く登場するなど、『古事記』は異界の世界観の基礎を築いた。

時代が下り平安時代になると、鬼や物の怪といった仏教思想が加わり、怨霊という概念が生まれた。暗殺の疑いをかけられて憤死した早良親王《さわらしんのう》や、左遷させられてこの世を去った菅原道真が怨霊として

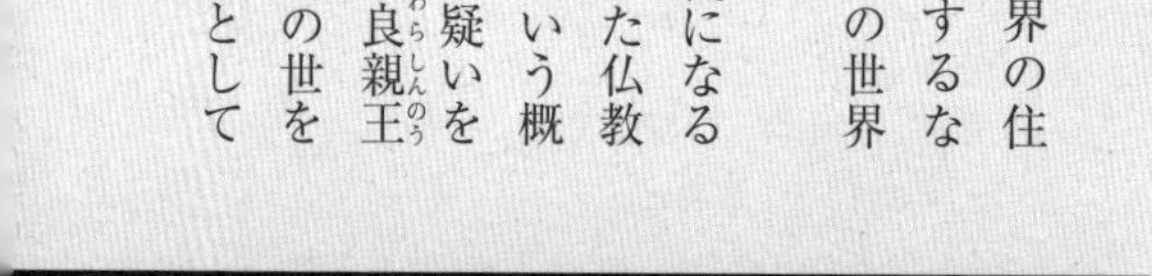

『古事記』に登場する素戔嗚尊《すさのおのみこと》が、八岐大蛇を退治する場面を描いた江戸時代の浮世絵／月岡芳年『日本略史 素戔嗚尊』

室町時代に描かれた妖怪絵画／作者不明『百鬼夜行絵巻』（大徳寺真珠庵所蔵）

どことなくユーモラスに描かれた「東海道四谷怪談」に登場するお岩さん／葛飾北斎『百物語ーお岩さんー』

人々から恐れられた、というのは有名な話である。

室町時代までは恐れの対象だった異界。ターニングポイントになったのが戦国時代であった。武将の強さを誇示するために、織田信長や伊達政宗などが、こぞって異界の住人たちを退治したという逸話がある。恐れの対象から征伐する対象に変容をとげたのだ。

そして、江戸時代――。

異界の住人たちを退治する英雄譚はますます広がり、人々の娯楽として消費されるようになっていく。

以降、わたしたちがいる現代に至るまで、異界の住人たちは、恐怖の対象というより、娯楽的なポジションにある。

異界の住人にまつわる伝承は全国津々浦々に存在している

この世界と、異界という2つの世界を意識していた。彼らは鬼や河童など、この世界には存在しない住人が異界にはいると信じ、嘘か真か、それらが境界線を越えてやって来たという伝説が全国各地に残されている。

異界の住人たちは実在したという説も

鬼や河童、妖怪といった異界の住人たち。彼らが何らかの理由で、この世に姿を現したという伝説が全国各地に残っている。

たとえば、岩手県盛岡市の三ツ石神社には、羅刹《らせつ》という鬼が現れ、神の力によって退治されたという言い伝えがある。しかも、三ツ石神社に祀られている岩には、鬼を退治した際につけられた鬼の手形が残されており、それが岩手県の名前の由来になったという逸話まで残されている。

また、ユネスコの世界文化遺産になっている静岡県静岡市の三保松原《みほのまつばら》では、天女が舞い降りたという伝説があったり、大分県日田市には河童を捕獲した際の絵図が今でも残ったりしている。

ちなみに、異界の住人は言い伝えだけでなく、実在していたのではないかという説もある。特に河童は、福岡県久留米市や佐賀県伊万里市、熊本県球磨郡など、九州地方を中心にミイラとされるものが数多く残されている。

都道府県別・異界伝説

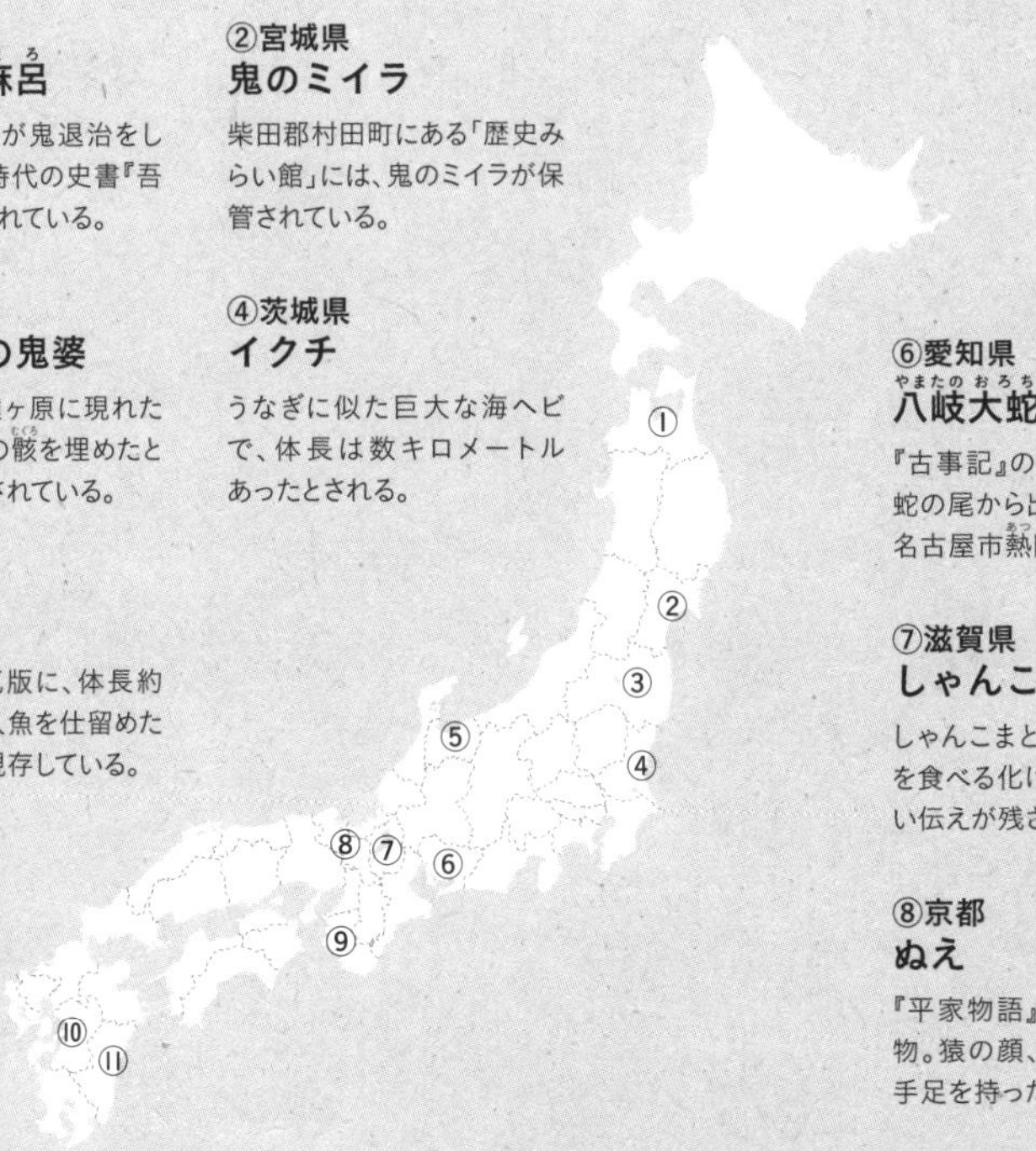

①青森県
坂上田村麻呂《さかのうえたむらまろ》

坂上田村麻呂が鬼退治をした伝説。鎌倉時代の史書『吾妻鏡』にも記されている。

②宮城県
鬼のミイラ

柴田郡村田町にある「歴史みらい館」には、鬼のミイラが保管されている。

③福島県
安達ヶ原の鬼婆

二本松市安達ヶ原に現れた女の鬼。鬼婆の骸《むくろ》を埋めたとされる塚が残されている。

④茨城県
イクチ

うなぎに似た巨大な海ヘビで、体長は数キロメートルあったとされる。

⑤富山県
人魚伝説

江戸時代の瓦版に、体長約10メートルの人魚を仕留めたという記事が現存している。

⑥愛知県
八岐大蛇《やまたのおろち》

『古事記』の登場する八岐大蛇の尾から出た草薙《くさなぎ》の剣《つるぎ》が、名古屋市熱田神宮《あつたじんぐう》にある。

⑦滋賀県
しゃんこま

しゃんこまと呼ばれる子どもを食べる化け物。草津市で言い伝えが残されている。

⑧京都
ぬえ

『平家物語』に登場する化け物。猿の顔、狸の胴体、虎の手足を持った姿という。

⑨和歌山県
天狗伝説

全国各地に言い伝えはあるが、和歌山県は天狗にまつわる伝説が多い。

⑩熊本県
アマビエ

熊本県の沖に現れた妖怪。くちばしを持った人魚のような姿が特徴。

⑪宮崎県
天岩戸《あめのいわと》

異界とこの世の境界線だった天岩戸。天照大御神が隠れた場所とされる。

この世の勇敢な者に退治されるのが定番

ミイラが本物か偽物かはさておき、古くから人々が異界の住人たちのことを後世に伝えようとしていたことは間違いない。しかも、残された伝説の多くは、人々に悪さをする異界の住人に対して、ある勇敢な人間が退治するという展開が定番となっている。

この世とは異なる世界というのは、未知の部分が多いだけに恐怖心にかられやすい。そこへ同郷の者が彼らを退治すれば、帰属意識や同調性が高められたことだろう。だからこそ、全国各地に地元の英雄譚は残され、今なお語り継がれているのかもしれない——。

序章

物語から読み解く異界の世界

昔話や伝説には、異界を舞台にした物語が数多くある。まずはそれぞれのエピソードから、異界の捉え方やルーツをたどっていく。

桃太郎

歸國
浦島

STORY 1

「竜宮城」という異界を訪ねて時空を超えた浦島太郎

昔話の定番である異界訪問譚。その中でも「浦島太郎」は、異界である竜宮城の様子が特に詳しく描かれている。

海中の異界「竜宮城」では四季をパノラマで鑑賞できる

いじめられている亀を助けた浦島太郎は、お礼に竜宮城に案内され、美しい乙姫《おとひめ》の歓待を受ける。ところが竜宮城から戻ると、地上では長い年月が過ぎ去っていた。失意の太郎が乙姫からもらった玉手箱を開けると、中から白い煙が出て白

髪の老人になってしまう。

おなじみ「浦島太郎」の物語だが、昔話によく見られる異界訪問譚のひとつといっていいだろう。特筆すべきは、異界＝竜宮城が詳しく描写されていること。海中に立つ竜宮城は、四季をパノラマで楽しめる部屋もある美しい建物。ここに通された太郎は歓迎を受けるのだ。

浦島太郎物語の原型は記紀神話の山幸彦《やまさちひこ》とされる。また、雄略《ゆうりゃく》天皇22年（478年）、丹波国《たんばのくに》の瑞江浦島子《みずのえのうらしまのこ》が海で亀を釣り上げ、乙女に変身した亀と結ばれて海中の蓬莱山《ほうらいさん》に行ったという記述が『日本書紀』にもある。

同型の物語は日本各地に伝わるが、海中の世界は蓬莱、竜宮など呼び名も様々だ。蓬莱は道教で神仙の住む世界。海の彼方にあるという。浦島子伝説では、蓬莱と書いて「とこよ」と読ませる。これは日本神話における不老不死の理想郷「常世国《とこよのくに》」のことである。

竜宮城の3年は地上の300年！

『丹後国風土記』の逸文《いつぶん》（今では失われてしまった文章）、『万葉集』などにも登場する浦島子。その名が現在のように浦島太郎となり、蓬莱・常世国が竜宮城となったのは室町時代の『御伽草子《おとぎぞうし》』以降のことだ。

太郎は乙姫にもらった玉手箱を開けて、白髪の老人になってしまう。竜宮は現世とは時間の長さが異なる世界。竜宮での3年は地上の300年に相当する。民話における白髪の老人は神をほのめかす存在だ。太郎が神になったと解釈することもできよう。実際、御伽草子版では太郎は鶴に、乙姫は亀となり、蓬莱山で夫婦になるハッピーエンドとなっている。

STORY 2

桃太郎も鬼と同じように異界の住人だった

桃太郎は異界からやって来た「まれびと」が、現世と異界を行き来しながら冒険をする物語だった。

桃太郎が入っていた桃は強い霊力の象徴

桃から生まれた子どもがすくすくと成長。お供のサル・キジ・イヌを連れて鬼ヶ島に渡り、鬼の征伐に成功して宝物を手に帰ってくる。これが「桃太郎」の基本ストーリーである。

物語の冒頭、主人公の桃太郎は、山の奥から桃

に入った状態でどんぶらこと流れてくる。古来、日本における山は祖霊の棲む場所。つまり川は、あの世とこの世を繋ぐ通路のようなものなのだ。

異界からやって来た桃太郎が、人とは思えぬ異常な速さで成長し、仲間にした動物たちと鬼ヶ島という異界へと旅立っていく。そして見事、鬼退治を果たしたあとは再びこの世に戻ってくる。このようにして見ると、異界と現世を行き来する桃太郎の異質性がきわだってくる。鬼そのものでないにしろ、桃太郎もまた鬼と同じ側に立つ異界の住人なのだ。

異界から訪れる神、あるいは霊的存在を民俗学で「まれびと」という。桃には強い霊力があるとする考え方が中国にあり、日本神話でも、イザナギが黄泉《よみ》の鬼女（黄泉醜女《よもつしこめ》）を追いはらうときに桃を投げつけている。桃太郎もまた、そんな桃の霊力を身にまとったまれびとということができるだろう。

鬼とは正反対に位置する3匹の動物を家来に

昔話の桃太郎で今ひとつのキーアイテムとなるのが、おじいさんとおばあさんに持たされたきびだんご（黍団子）だ。童謡に歌われるように、桃太郎は腰につけたきびだんごを分け与えることでお供を得る。サル、キジ、イヌの3匹である。

ところで、なぜこの3種類の動物なのかを考えるとき、ヒントとなるのが敵となる鬼の存在だ。鬼が牛の角を揃え虎柄のパンツをはいているのは、丑寅《うしとら》（北東）の方角を鬼門というのにちなむ。この丑寅の対極に位置するのが申《さる》、酉《とり》、戌《いぬ》なのだ。このように『桃太郎』の構成は陰陽五行説の十二支に基づいている。倒すべき相手が鬼とした場合、これほど心強い仲間もいないだろう。

STORY 3

京の都をふるえあがらせた 大江山の酒呑童子《しゅてんどうじ》

最後は源頼光に滅ぼされた酒呑童子。もとは人だったとされる童子はなぜ異界の門を潜り鬼となったのか——。

なぜ鬼なのに童子？ 鬼は神に近い存在だった

一条天皇の時代、大江山を根城にする酒呑童子という恐ろしい鬼がいた。酒呑童子は多くの鬼を従え、都に現れては貴族の姫君たちをさらっていた。事を憂えた帝は、武将の源頼光《みなもとのよりみつ》に酒呑童子の退治を命じる。従うは藤原保昌《ふじわらのやすまさ》と、頼光四天

王の坂田公時《さかたのきんとき》、渡辺綱《わたなべのつな》、卜部季武《うらべのすえたけ》、碓井貞光《うすいのさだみつ》。山伏に化けて酒呑童子の歓待を受けた一行は、ともに血の酒や姫君の肉を食べて相手を油断させると、「神便鬼毒酒《じんべんきどくしゅ》」という毒酒を酒呑童子に飲ませ、酔い潰したところを見事に討ちとった。

鬼は民話や伝承に多く登場するが、名を持つ酒呑童子はその象徴的存在だろう。もともと子どもを意味する童子は、菩薩《ぼさつ》などに付ける仏教世界では重要な呼称。また、神降ろしをする際、修《しゅ》験者《げんしゃ》や巫女《みこ》は、童子を神霊を乗り移らせる寄坐《よりまし》とすることもある。つまり神や異界の者に近い存在なのだ。それがなぜ、異形の化け物を指す名称となったのか。

鬼の語源は「おぬ（陰）」で、姿を持たぬ者を指すという説がある。つまり霊的な存在だ。日本では鬼を妖怪として捉えず、神として祀ることも多い。畏敬の対象ともなる人智を超える存在。それが鬼なのかもしれない。

もとは美少年だった？酒呑童子誕生の真相

酒呑童子は物語の中で、自分は越後《えちご》の者で比《ひ》叡山《えいざん》にいたが、最澄《さいちょう》が延暦寺《えんりゃくじ》を開いたために大江山に逃れてきたなどと身の上話を語る。

ところで童子は最初から鬼ではなく、もとは人間だったという話もある。美貌の青年だった童子はある娘と恋仲になるが、周囲の反対を受けて娘は身を投げてしまう。童子は失意で打ちひしがれ、鬼の形相となったというのだ。その後、京の大江山近くで死んだ娘に似た女に会い、これをさらって山に立てこもったという。

一方、あまりに異形だったため山に捨てられたという説もある。地方には八岐大蛇《やまたのおろち》が人間に生ませたという言い伝えもある。

STORY 4

月の都からやって来たかぐや姫の神秘性

理想郷である月の都から地上にやって来たかぐや姫は、親しい者たちに別れを告げ、月の世界へと帰っていく。

月＝異界を際立たせる妖しくも神秘的な魅力

かぐや姫は月の都の住人で、物語のラストでは自分の世界である月へと帰っていく。かぐや姫を主人公とした『竹取物語』は、片時を地上で過ごした異界の住人が、やがて元いた場所へと戻っていく話なのだ。

異界である月は、この物語で重要な位置を占めている。月見の風習が物語るように、日本人は月に畏敬の念を抱いている。物語の書かれた時代は、よりその傾向が強かった。月を美しいと感じ、愛でるのは今も昔も変わらない。月の神秘的な魅力に惹きつけられた経験は誰にでもあるだろう。

一方、月は忌むべき対象でもあった。妖しい輝きというように、月の光には不気味な印象がある。満月は人を狂わせるとも言われる。竹取物語には、この両面性が描かれている。

かぐや姫は竹から生まれる。当時、竹は神聖なものだった。地下茎でつながる竹林は、一本一本の寿命が尽きても途絶えることがない。その永遠性に古代人は呪術的な力を見出したのだ。かぐや姫が生まれた竹は、この世（地上）と異界（月の都）を結ぶ境界として捉えるとわかりやすい。冒頭しか物語に登場しないが、竹が題名にも用いられる理由であろう。

理想郷に見える月が決して持ち得ないもの

竹取物語では、地上と月の都が対照的に描かれる。月の都は人の理想郷。不老不死の住民は、永遠の生を約束され憂鬱から解放されている。また、月は穢《けが》れのない美しい世界。読者にとっても肯定的に映ることだろう。では地上は否定すべき世界なのだろうか。

物語の最後でかぐや姫が天の羽衣を羽織ると、養い親の翁《おきな》に対する想いも、和歌をやりとりした帝への好意も消えてしまう。そしてかぐや姫が残していった不老不死の薬を、帝はこんな薬は無意味だと焼き捨ててしまう。この喪失感に満ちたラストこそ、地上の素晴らしさを逆説的に描いているといえよう。

第1章
空間と異界

日本には神社などの聖域を表す空間や、
妖怪や幽霊が出没するといわれる
怪異的な空間が多く存在している。
そうしたエリアや時間的な空間を紹介していく。

山
海
墓
神社
門
橋
辻
水辺
屋敷
方角
時刻
他界

山の神と山岳宗教を生み出した聖域

【yama】山

山には怪異や伝説が数多く存在する。
なぜ山は神秘的な空間なのか、その成り立ちに迫る。

山の脅威と恩恵が生み出した聖なる異界空間

日本は、国土のおよそ4分の3を山地と丘陵地が占めている。標高500メートル以上の土地はその3分の1で、これを面積が近いドイツ、イギリスと比べると、圧倒的に多いことがわかる。つまり日本は「山の国」と言って差し支えないだろう。

　古くから人々は、森林に暗くおおわれた山の威容を畏れてきた。山の周りに住む民は、その畏敬を信仰に発展させ、山には神や霊が宿り、死んだ人間の魂も山へ昇ると考えられるようになる。

　里の民たちにとって、山は農耕に欠かせない水の源であり、生活の基盤だった。農耕民の信仰する山の神は農神《のうしん》であり、季節ごとに山と里を行き来し収穫をもたらすと考えられた。また、山に住む木樵《きこり》や猟師たちは、生業に恵みをもたらす神として信仰していた。

霊界と交信する「霊場」

Culture

青森県の恐山《おそれざん》、和歌山県の高野山《こうやさん》、滋賀県の比叡山《ひえいざん》は日本三大霊場として名高い。霊場は神仏に祈りを捧げご利益を得る、霊験あらたかな場所だ。イタコなどの霊能者が霊界と交信し、恐山の死者を呼び寄せる口寄せは特に有名だ。

神霊が宿る山に超自然的な力を求め、山岳信仰を生み出した修験者たち

昔の人々はこうした神様たちがいる山への安易な立ち入りなどを許さず、異界として扱ったのである。

◈ ◈ ◈

山には、信仰の空間として神社や寺院が建立され、祭事を行う宮司や僧侶などの異界と関わりを持つ者たちが常駐した。6世紀の仏教伝来以降は、山岳信仰と習合成立した、日本独自の「修験道」の行者である修験者がこれに加わる。修験者は日本各地の霊山に分け入り、滝に打たれ、険しい崖を登るなど厳しい修行をして、超自然的な能力（験力《げんりき》）を得ようとした。こうして山では呪術的な宗教活動が行われるようになり、山岳信仰に深く結びついていった。

修験道の開祖「役小角《えんのおづぬ》」

History

役小角は飛鳥時代の呪術者で、山で修行し修験道の基礎を築いた。伝説が多く残り、前鬼と後鬼と呼ばれる2匹の鬼を弟子にしたという。

山岳信仰の主な形態

山は神がいる場所とされ、太古の時代から信仰の対象であった。崇拝する山の形態は、大きく分けると4つあるとされている。

山岳信仰と仏教が結びつき、修験道という宗教が生み出された。

山には怪異や妖怪の伝説が多いのも特徴的だ。山に棲む妖怪として最も有名なのは天狗だろう。たとえば、山村で子供がいなくなる「神隠し」は、人々は天狗の仕業だと考えた。

天狗のルーツは諸説があるが、一般的に古代中国から伝わったとされ、不吉を知らせる流れ星だと考えられていた。『日本書記』によれば、唐から来た僧侶が、都の空を通り過ぎた巨大な流れ星を『天狗』と呼んだと記している。平安時代になると、次第に山の妖怪となり、密教では死後に転生する魔界のひとつとして天狗道が構築された。心が邪悪なため修行を重ねても悟りを開けず、六道輪廻から外れたものが天狗道に堕ちると考えられた。

Culture

富士山、白山、立山の「日本三霊山」

神仏を祀る神聖な山を霊山という。山岳信仰が根強い日本には全国各地に存在し、その頂点に立つ山が、富士山、白山、立山の「日本三霊山」だ。

富士山は山そのものを神と見立て、富士山を信仰する浅間信仰が存在する。富士山の神霊である浅間大神を祀る神社は全国に1300社ある。村山修験という修験道が有名だ。

白山は山から湧き出る豊富な水源を有する白山では、水や農業の神様が信仰の対象だ。白山信仰があり、白山比咩《しらやまひめ》大神という女神が祀られている。

立山は山をご神体とし、山頂にある雄山神社の立山信仰は仏教と深く関わり、神仏習合色が見られる。

海の彼方は死後の世界

海

【umi】

かつての人々は、海の向こう側に理想郷があると考えていた。

海もまた山と同様に、人にとっては恵みと災いをともにもたらす存在であった。

神道では、世界を「常《とこ》世《よ》」と「現世《うつしよ》」に分けて考える。そして「常世《とこよの》国《くに》」とは、海の彼方にある世界を指す。死後の国でもあるが、同時に理想郷とも考えられ、記紀神話や『万葉集』などには、現世の神や人が、常世国を訪れて帰ってくるエピソードが複数描かれている。竜宮城に行った浦島太郎の伝説もそのひとつだ。

沖縄にはニライカナイと呼ばれる海の彼方の異世界についての信仰がある。神はニライカナイからやって来て、この世に豊穣をもたらし、また戻っていく。人は死とともにニライカナイへ渡るが、やがて生者の魂となって帰ってくる。ここでもニライカナイは単なる死者の国ではなく、本土神話の常世国に近いため、ルーツは同じなのではないかというのが通説である。

海の遥か彼方にある異界 ニライカナイ

神聖な浜辺、イシキ浜

KEYWORD

沖縄県にある小さな島・久高島は、琉球王国時代より聖域として伝承された「神の島」と言われている。久高島にあるイシキ浜に、ニライカナイから五穀の種が入った壺が流れ着いたという伝説が伝わる。現在も聖域として遊泳は禁止されている。

「海坊主」歌川国芳（『東海道五十三対　桑名』より）

Culture

海に現れる大きな妖怪「海坊主」

海に潜む巨大な妖怪「海坊主」は夜に出没するといわれる。穏やかだった海面から突然黒い坊主頭の巨人が現れ、船を襲うという。海坊主の伝承は全国各地にあり、江戸時代の奇談を集めた『奇異雑談集《きいざつだんしゅう》』に、伊勢国（現三重県）の海で起きた話が記されている。昔男が女を乗せてはいけないという船（女が船に乗ると嵐が起こるため）に、船頭の忠告も聞かず妻と船に乗り込んだ。やがて、海が大嵐になり海坊主が現れた。海に飛び込んだ妻を海坊主は連れていくと、海は静まったという。

時を超えて亡き魂と出会える

墓

【haka】

ご先祖様を大切にする日本人は
墓石で永遠の時をつなぐ文化を生み出した。

世代を超えてご先祖様の魂と触れ合う墓石の役割

亡くなった人を弔うための場所である墓。その起源を辿ると、日本人の死生観を読み解くことができる。

日本では古代より遺体を埋葬する文化があり、人間は単なる動物ではなく魂と肉体で成り立つと考えられていた。この死生観から中世後期以降、1人の死者に石塔（魂）と埋葬地（肉体）の2つのお墓が建てられるようになり、民俗学ではこれを「両墓制」と呼ぶ。また、遺骨と石塔が同じ場所に埋葬されているものを「単墓制」という。他にも地域や時代ごとに墓の形状やしきたりは異なるが、庶民の死に墓が設けられるようになったのは江戸時代頃だったと言われる。

◈
◈
◈

なぜ墓は石なのか、これにも明確な

墓石の始まりは日本神話の「千引石」

History

日本の墓石の起源のひとつとして、日本神話の古事記に登場する「千引岩」がある。イザナギが黄泉で妻の変わり果てた姿を見てしまい逃げ出したとき、黄泉の入口を「千引石」という巨大な石で塞ぐ。この話をもとに石はあの世とこの世を隔てる境界となり、墓石の起源になったと言われている。

仏教の宇宙を構成する5大要素

墓地にある五輪塔や卒塔婆は、仏教の宇宙観である「空・風・火・水・地」を表している。インド哲学が源流だという。

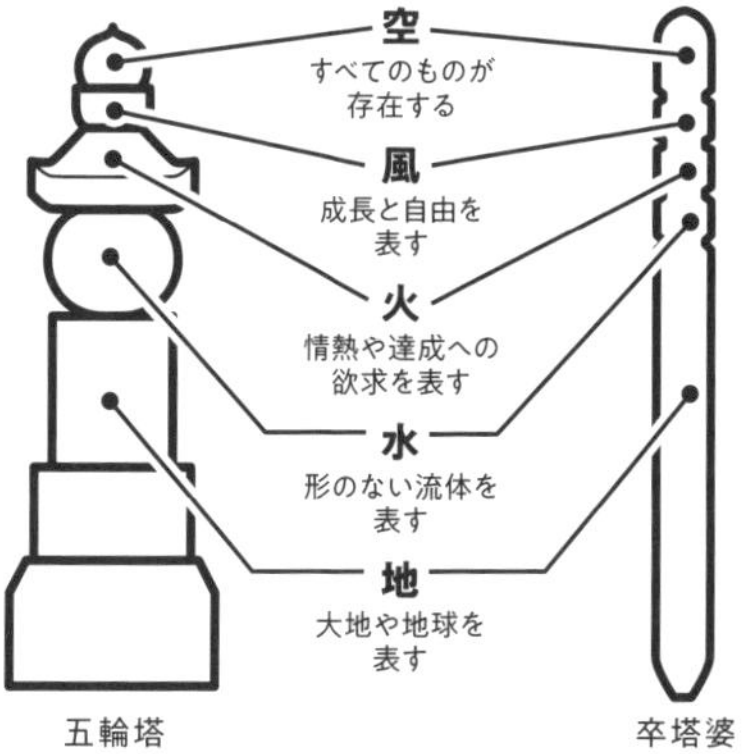

理由がある。石は長い年月存在し続けるからだ。日本は先祖を大切にする文化があり、世代を超えて命がつながることが大切だと考えられてきた。そのため、時を越えてご先祖様と出会える場所として、ふさわしいものが石だったのである。

　また、仏教式の墓石と一緒にある木の板を卒塔婆という。卒塔婆は釈迦の遺骨を納めた五輪塔をもとに作られた。卒塔婆に書かれている言葉は梵字であり、仏教の宇宙を構成する「空・風・火・水・地」の5つの要素をさす。五輪塔の形もその世界観を表していて、上から順に宝珠・半円・三角、円形、四角がその要素の意味を示している。日本の寺でよく見かける三重塔や五重塔の形もこの流れを汲むもので、宇宙的な世界観が元になっている。

Culture

仏教と神道のお墓の違い

　仏教と神道の墓はとてもよく似ているが、一番の違いは墓石の形である。神道の墓石は、上部が尖っており、これは剣を表している。熱田神宮のご神体である「天叢雲剣《あめのむらくものつるぎ》」が由来していて、「三種の神器」のひとつである「草薙剣《くさなぎのつるぎ》」と同じものだ。また、神道ではお線香をあげないため香炉がない。墓石に「○○家之奥津城（○○家の墓）」と文言が記されているのも特徴的だ。

降臨する神々の住処《すみか》

神社

【jinja】

神が降臨する神聖な場所、神社。
穢れを祓うための結界が多くある。

私たちにとって身近な聖域としてまず思い浮かべるのは神社ではないだろうか。神が降りてくる神聖な場所として、日本全国には

神の依代《よりしろ》を祀る神社には神域を区別する結界が造られるようになった

神域と俗界の境にある木「榊《さかき》」 KEYWORD

神社でよく見られる榊。日本神話で天照大御神の依代として捧げた木で、神が降臨する神聖な木とされた。俗界と神域の間に立てられたことから「境の木」とされ榊の語源となったと言われている。

十万を超える神社が存在している。

日本の神は、山や巨岩、樹木などの神霊が依りつく対象である依代に降臨すると、人々は非常に古くから信じていた。それらの依代自体をご祭神として祀るようになったのが神社の始まりで、現在のように、鳥居、楼門、垣などに囲まれた境内の中に本殿、拝殿といった社殿が造られるようになったのは後代のことである。

奈良の大神神社では三輪山全体をご神体とする。『古事記』には、神が三輪山に静まることを望んだという記述があり、現在も境内には拝殿だけがあり、本殿はない。これが最古の神社形式であろうと考えられている。神を迎え、ご御馳走を振舞い、巫女が舞い踊る神楽でもてなす空間とされる神社は、こうして生まれたのだ。

張り巡らされた結界で穢れや邪気を寄せ付けない

鳥居が現在のような形になる前には、二本の柱の間に縄を張り、神域と俗界を分けたと考えられている。ちなみに、稲わらや麻を材料とする縄は、わが国の農耕文化とも縁が深く、古くから神事に用いられることが多い。

いわゆる「しめ縄」も同じような目的で使われ、神社では必ず目にすることができるほか、一般の家庭では、神棚や、正月飾りに使われる。漢字では「注連縄」、あるいは一定間隔で垂らす藁の本数から「七五三縄」と表記する場合もある。大相撲の最高位力士だけが締め込みを許される「横綱」も、しめ縄のひとつである。

◈◈◈

神社の参道や社殿の脇に置かれている手水舎《ちょうずや》は、参拝前に手や口をすすいで清めるためにある。神道では穢れが忌み嫌われる。本来であれば海や川につかり禊という儀式を行うが、簡素化して手と口だけを清めるようになった。

また、参拝するときに

結界をつくるしめ縄

History

神社に張り巡らされているしめ縄の語源は「占め結う」。特定のエリアを区切り隔離するという意味がある。

行う二拝二拍手一拝も、神への作法のひとつである。拍手は本来喜びの感情を表す動作であり、そこから高貴な人に対して喜びを表す敬礼の作法として定着したと考えられている。

神社のご神体

神が宿るとされる神社のご神体。山や岩などの自然のものだけでなく、『古事記』に登場する三種の神器などの人工物もご神体になることがある。

日本では森羅万象、全てのものに
神々が宿ると考えられている。

神社の周りには、木や石でできた低い柵があるが、これを玉垣という。「玉」は神聖なものや美しいものを意味し、神様が降臨する神聖な場所と俗界を分ける境界線の役割を持っている。古くは神聖な木である榊の木を植えていたが、現在はその神社に寄進した者の姓名が刻まれた石造のものが多い。玉垣は幾重にも巡らしたものもあり、伊勢神宮の正殿では、四重の玉垣に囲まれている。

Culture

神様の代わりとしての御神体

神が宿るとされる物体を御神体という。神は目に見えない存在のため、神が依りつくものとして御神体が生まれた。御神体は神社によってさまざまで、たとえば伊勢神宮の八咫鏡、熱田神宮は草薙剣がある。三種の神器である鏡や剣、勾玉が代表的だ。また、御神木と呼ばれる木も御神体のひとつだ。神社に縁のある木で、種類は様々である。

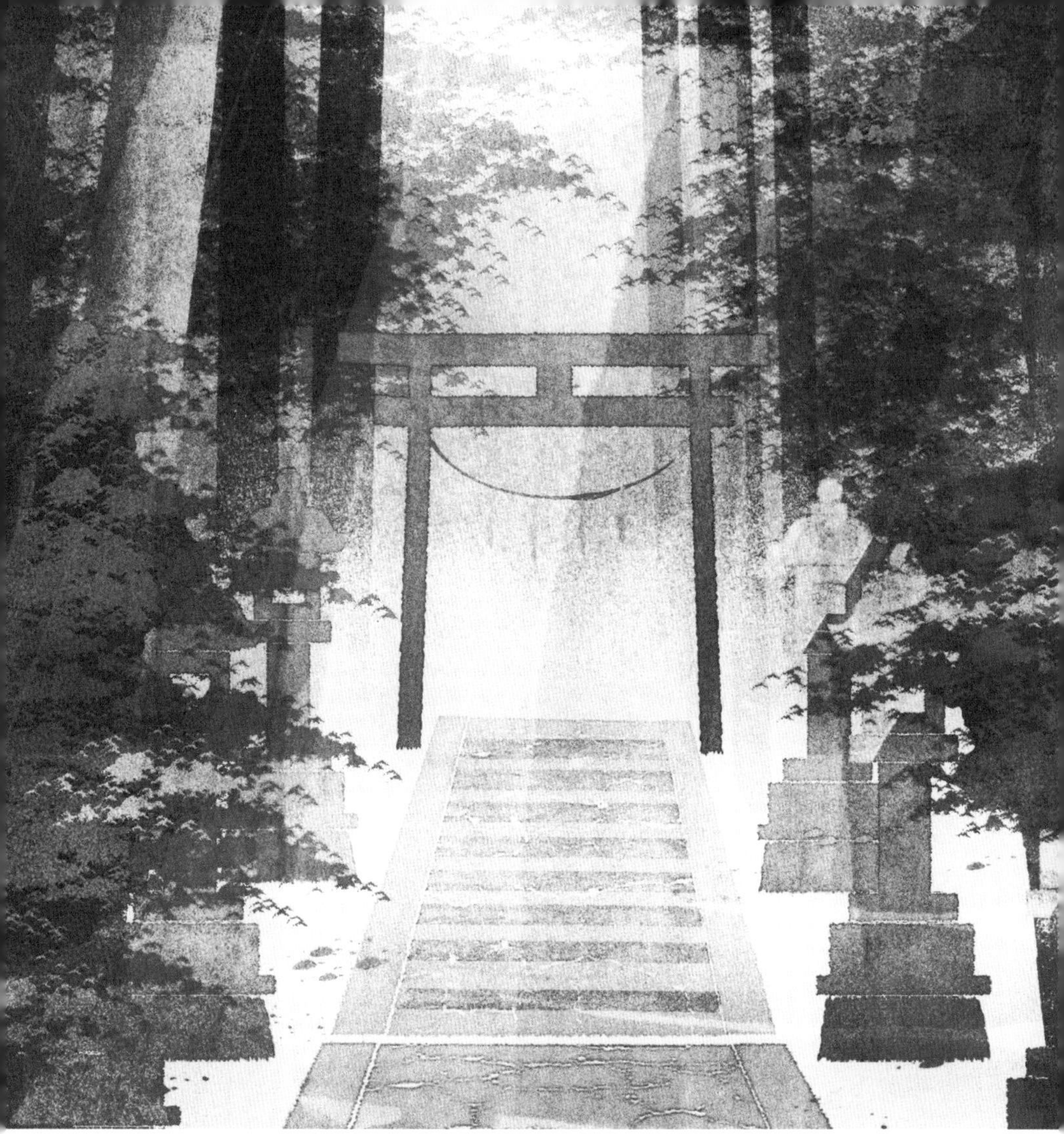

俗界と異界を隔てる結界

門

【mon】

神社にある鳥居や歴史ある門には、
結界としての機能があった。

私たちにとって異界は、人間が認識している世界の外側にある世界である。異界は私たちが想像した空想の世

日常空間に魔が入り込む境界線としての門

鳥居の朱色は魔除けの力

KEYWORD

稲荷神社の赤色の鳥居は誰でも見たことがあるだろう。この朱色は魔除けの意味があると考えられ、鳥居以外にも神社仏閣や宮殿にも用いられている。また、朱色の原料は水銀であり、木材の防腐剤としての効果もあった。

界であり、その異界とこの世界を隔てるのが「境界」だ。そして、「門」は日常空間に存在する境界のひとつである。人々はそこから魔が侵入してくると考えたのだ。そのため、門には鬼などの妖怪が出没したり、怪異にまつわる逸話があったりすることが多い。

異界と現世を隔てる門として、最も典型的なのが、「鳥居」である。鳥居は現在のような社殿が造られる以前から健立され、山や岩などをご神体とするところでは、鳥居だけが建ち、神域と俗界の領域を分けていた。

鳥居の語源についてはは諸説あるが、「鳥が居る＝止まり木」という説がよく知られている。天照大御神が天の岩戸に隠れたとき、神々が岩戸の前に止まり木を立て、そこに止まった鳥の鳴き声で岩戸を開けさせ、天照大御神を引きずり出そうとしたという神話に由来するものだ。

結界としての役割をもつ鳥居をくぐるときは、諸々作法がある。まず、鳥居の前に立ち軽く会釈をし、神様に敬意を表す。このとき、鳥居の中央は、神殿から真正面に続き「正中」といい、神様の通り道と考えられているため、真ん中ではなく、左右どちらかに寄る。また、出るときも鳥居をくぐり、本殿に身体を向けて一礼をする。

他に、喪中のときは鳥居をくぐってはいけないとされている。神域の場所に死の穢れを持ち込まないようにするためだ。

◈ ◈ ◈

京の都を守る結界の門には鬼や妖怪が集まる

かつて京都に平安京があった時代、結界として設けられた門があった。都の外壁の正門に築かれた羅城門である。門は昼間だけ出入りでき、夕方に閉じられた。そこから鬼などの妖怪や魔物が侵入しないようにするためである。同じく、都の中心として政治の中枢である大内裏の正門には朱雀門がある。朱雀門とは中国の伝説の神獣で、南を守護する神であることから由来している。

門も鳥居と同じく、異界からの侵入者を防ぐ神聖な場所だったのだ。

月岡芳年『朱雀門の月』(『月百姿』より)。朱雀門で鬼と合奏する源博雅が描かれている。

Culture

朱雀門の鬼と交流を深めた笛の名手・源博雅の伝説

朱雀門に伝わる怪異として、朱雀門にいる鬼と交流した源《みなもとの》博雅《ひろまさ》の話がある。源博雅が朱雀門の前で笛を吹いていると、もうひとり見事な笛を吹く男がいた。そのうち二人は気が合い、朱雀門の下で行き会うようになり、お互いの笛を交換した。しかし、源博雅はその笛を返すことなく亡くなってしまう。

その後、その笛は浄蔵という笛の名人の手に渡り、朱雀門前で笛を吹いた。すると「やはりこの世にまたとない一品かな」と門の上の方から声があがった。そこで、その笛は鬼のものであったとわかったという。

あの世への架け橋

橋

【hashi】

橋はあの世とこの世の行き来する
特別な空間として畏れられていた。

橋を渡った先に死後の世界が広がっている…？

亡くなった人が、三途の川を渡って死後の世界へ行くという言い伝えがあるように、昔から人々は現実と異界の間に、容易に渡ることのできない空間があると考えていた。

もちろん実際の橋は、川や谷などをはさんで、両岸が往来する便利のために造られたものであろうが、そこには神秘的なイメージがつきまとっている。

橋の上はまさにあの世ともこの世ともつかない中途半端な場所である。幽霊や妖怪が現れる説話も多く、一部では鬼を退治する節分の豆まきを橋のたもとで行う地域があるそうだ。

また古くから橋の上は、市が開かれ、占い（橋占）や踊りが行われるなど、庶民の自由な活動場所でもあった。異界の雰囲気がただよう橋の上では、権力の厳しい監視がゆるむということがあったのかもしれない。

安倍晴明は橋の下に式神を住まわせていた？

KEYWORD

平安時代、陰陽師として活躍した安倍晴明は式神という鬼たちを家来として扱っていたが、清明の妻が式神を恐れたため、橋の下に住まわせたという。この式神たちが橋占を行っていたという逸話がある。

「橋姫」鳥山石燕（『今昔画図続百鬼』より）

Culture

死者が蘇る伝説が残る一条戻橋

京都にある一条戻橋は、794年の平安京が造設した際に設置された橋で、死者が蘇る橋として知られている。918年に葬列がこの橋を通りかかったところ、棺の中にいた死者が蘇ったという伝説からその伝承が生まれた。あの世とこの世をつなぐ橋ともいわれ、現在も婚礼前の女性が通ってはいけないなど、慣習が残っている。

現世と未来が交差する場所

辻

【tsuji】

道と道が交差する辻は
あの世とこの世が交差する場所と考えられた。

辻には魔物が棲みやすい

辻とは、いわゆる十字路や丁字路のこと。漢字は道を表す「⻌」と「十」を合わせたもので、日本で作られた漢字である。

昔の人々は、交差する2本の道を、現世と来世の交わる場所ととらえており、そこには「辻神」と呼ばれる魔物や妖怪が棲むと考えていた。中国にも魔除けの石碑「石敢《いしがん》當《とう》」を辻に供える風習があり、日本にもそれが伝わったようだ。沖縄や鹿児島を中心に、現在でも全国各地に確認することができる。村につながる道を通って邪気が入り込むのを防ぐため祀られた「道祖神《どうそじん》」も同じ役割を持っている。

また古くは万葉集の時代から「辻占」と呼ばれる占いがある。交差点を通る人の言葉や、進む方角などから、吉凶を占うものだ。これは「橋占」（P44参照）と同様、辻が現世と異界の境界にあることから始まったと考えられている。

国府台天満宮の辻切りの儀式

History

千葉県市川市の国府台天満宮では毎年1月17日に境内で辻切りの民俗行事が行われる。悪霊が村に入るのを防ぐため、村の出入り口にある四隅の辻を霊力によって遮断する習わしだ。しめ縄で作った大蛇を四隅にある木に飾る。

辻の魔界スポットとして有名な場所が京都の「六道《ろくどう》の辻《つじ》」である。その付近には冥界がらみの伝説が多く残っており、有名な伝説として「幽霊子育飴《ゆうれいこそだてあめ》」がある。

むかし六道の辻にある飴屋さんに夜な夜な飴を買いに来る女がいた。顔色が悪く不審に思った飴屋さんがあとをついていくと、その女は鳥辺野《とりべの》の墓地あたりで消えてしまった。お墓から赤ん坊の泣き声が聞こえたので、翌日墓を掘り起こしてみると、中から飴をくわえた生きた赤ちゃんが出てきた。あの女性は妊娠中に亡くなり土葬され、墓の中で赤ちゃんを育てるため飴を買いにきた幽霊だったのだ。その赤ん坊は8歳になるまで飴屋で育てられ、のちにお坊さんになったという。その飴屋は現在も営業し、幽霊の女性が買った飴を食べることができる。

Culture

京都の冥界の入り口「六道の辻」

京都にある「六道の辻」の「六道」とは、仏教で説かれる6つの世界を指す(P62参照)。この辺り一帯は「鳥辺野」という墓所の地であり、僧侶が死者の霊魂を冥界へ送り出す入り口とされたのだ。六道の辻には六道珍皇寺《ろくどうちんのうじ》が建てられ、その寺院には、平安初期の公卿である小野篁《おののたかむら》が冥界へ行くために通った井戸があり、篁は昼間は俗界で官吏を、夜は冥界で閻魔大王の補佐をしていたという伝説がある。

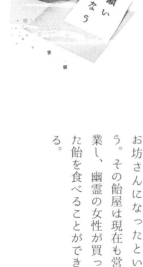

神と妖怪が存在する場所

水辺

【mizube】

生活の身近な存在である水辺には、
河童や水神、伝説など様々な伝承が伝わる。

水辺の恩恵と脅威は妖怪や怪異を生み出した

水は私たちの生活に欠かせない不可欠なものである。人間が生きる上で水から受ける恩恵は、実に多大だ。

一方で、台風や地震などの天災と重なり、水は人を襲い、死に至らしめることもある。水辺――こうした生と死が表裏一体の場所では、様々な怪異が語られるのが常だ。つまり、水辺は私たちにとって身近な生と死の境界線といえる。

水辺にまつわる伝説や怪異は全国各地に存在しているが、特に有名な水辺にいる妖怪といえば河童であろう。呼び名の由来は諸説あるが、「河《かわ》」と「童《わっぱ》」が合成した「かわわっぱ」の転化と考えられている。

河童は、比較的小さな水難を引き起こすとされる。もちろん子供や家畜が溺れ、流されたりするのは当事者にとっては大変なことだが、村全体を

水辺に現れる妖怪「川姫《かわひめ》」

History

九州地方には川姫の妖怪にまつわる伝説が多く伝わる。川姫は水辺にいる美しい女性の姿をした妖怪で、人の精気を吸い取るという。福岡県では川姫が現れたら下を向き息を殺せば災いから逃れられると伝わっている。

巻き込む大規模な水害ではない。

◈ ◈ ◈

川などの水辺には水神を祀っている場所がある。用水路や堰の守護神だ。水田稲作を中心とする日本の農耕では、水は収穫に恩恵を与える重要なものとして田の神とも深く結びついている。

　また、水神は蛇や竜などに象徴されることが多い。蛇は湿気のある田畑や沼に多く生息しているため、蛇と水は深い関わりが生まれたという。古代より蛇は脱皮をしたり、冬眠から活動を再開する姿から「不老不死」や「死と再生」の象徴として崇められていた。そのため、蛇は畏れ多いものとして、水の神様の信仰を根強いものにしたという。ちなみに、竜は蛇を神格化したものである。

Culture

水道の蛇口の語源は水神が由来

　水道から水が流れ出てくるところを「蛇口」というが、この語源は明治時代に遡る。明治20年に水道が外国から導入され、当時はイギリスのものを使用し、ヨーロッパの水神であるライオンが蛇口部分についていた。

　日本製を作るにあたり、はじめは竜を用いたため「龍口（たつくち）」と呼ばれたが、言いづらいため普及しなかったという。その後、共用栓（水飲み場用の水栓）は空想上の竜の元になった蛇になぞらえ「蛇《じゃ》体鉄柱式共用栓《たいてっちゅうしききょうようせん》」という名前になり、「蛇体鉄柱式共用栓の口」が略されて蛇口になった。

　普段日常生活で目にする蛇口は、日本での水神の象徴だった蛇や竜が語源となっているのだ。

家の中に設けられた結界と魔除け

屋敷

【yashiki】

屋敷には様々な結界が張り巡らされ、
人々は魔を防ぐ神様を祀り家を守った。

トイレは異界性を持つ空間として様々な伝承が伝わる

日本家屋の中で「敷居」には多くのしきたりや怪異が存在する。「敷居を踏んではいけない」「敷居を枕にすると幽霊が現れる」など、そうしたしきたりや俗信を聞いたことがあるだろう。

敷居は内と外を仕切る結界と考えられていた。昔の家屋には、主人の部屋や客人を通す部屋など部屋が区切られているように、敷居は空間的な境界の役割を持っていたのである。敷居を踏む行為は家の格式や秩序を乱すことに繋がり、親や先祖を踏みにじることと同等だった。これは畳の縁も同じで、境界を区切る役目をしている部分というのは不安定で、邪気が入りやすい場所であり、直接触れることを避けるべきだという考えが通底している。

また、かつての屋敷の中で異界に近い空間としてはトイレが挙げられる。トイレは異界と接する空間として考えらえていたのだ。これは、トイレは排泄するところであり、穢れの場所として捉えられていたためだ。

家を守る魔除け「鬼瓦《おにがわら》」

Culture

屋根の棟の端に置かれた鬼の顔や「水」などの文字が入った装飾を鬼瓦という。魔除けのひとつであり、恐ろしいもので魔物から身を守ろうとする考え方から生まれた。

家の中にある結界

家屋には、神様やご先祖様を祀る場所や、結界と考えられた敷居・畳の境界が多く存在する。

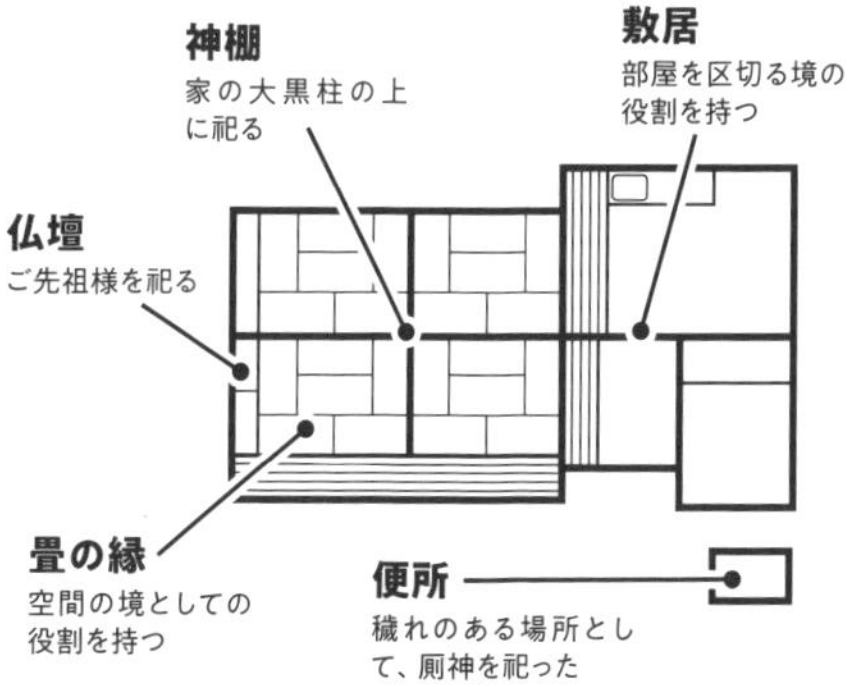

「便所（トイレ）で転んではいけない」「便所で転ぶと死ぬ」という禁忌や俗信が多くあり、様々な伝承が各地に存在する。

また、トイレには厠神という神様がいると考えられた。キレイ好きな女神とされ、人々を穢れから守ってくれたのである。ちなみに、妊婦がトイレを掃除するときれいな子どもが産まれるという伝承が全国的に広く見られる。

厠神は子どもの命を守る神ともされ、かつて行われていた「雪隠《せっちん》（トイレ）参り」という儀礼では、赤子が生まれて7日後に赤子を抱いてトイレに行き、厠神に挨拶をした。雪隠参りをすると美人になるという言い伝えもある。このように、トイレは異界との接点が強い空間なのである。

Culture

神様は家にも降臨する

氏神様を祀る神棚だけではなく、家の中には家を守るいろいろな神様がいる。火之迦具土《ひのかぐつち》神は火の神であり、火事から家を守るため台所に祀られている。三宝《さんぼう》荒神《こうじん》はかまどの神として同じく台所に祀られている神様である。大黒天は五穀豊穣や商売繁盛の神様であり、一般的に家の大黒柱の上に鎮座されている。

天之水分神《あめのみくまりのかみ》は水や農耕の神、子育ての神様。台所や風呂場などの水回りを守る神と言われている。

北東から南西は鬼の通り道

方角

【hougaku】

不吉な方角とされている鬼門。
なぜ北東は忌み嫌われたのか由来を探る。

北東から南西の一本道は鬼が通る不吉な方角

かつて方角は、360度を干支の数で等分し、その名で呼ばれていた。北が「子」で、「丑、寅、卯（東）、辰、巳」と続き、南が「午」、さらに「未、申、酉（西）、戌、亥」となる。

平安時代に最も盛んだった陰陽五行説では、北東である「丑寅（艮）」は「鬼門」と呼ばれ、鬼が出入りする門がある、非常に不吉な方角と考えられていた。

北東が鬼門になった由来は諸説あるが、古代中国の暦が関係していると考えられている。中国には二十八宿という天体を28の星座に分けた天文学があり、そのひとつに「鬼宿」がある。鬼宿は12星座のうちの蟹座を指す。人々は中央に青白く雲のように見える星団（プレセペ星団）を、死体から立ち上る鬼火の光と重ね合わせて、鬼＝死

諸説ある鬼門の起源説

KEYWORD

鬼門は、中国の古書「山海経」の物語が由来となっているという説がある。ある山の頂上に桃の木があり、その枝の北東に多くの鬼が出入りしていたことから、鬼門という言葉が生まれた。これが日本に伝わり、当時あった丑寅（北東）の方角を不吉と恐れた陰陽道の思想と合わさり、北東＝鬼門として定着していったとされる。

者の住処と考えたのだ。この考え方が陰陽五行説や仏教と結びつき、日本に鬼門という考え方が伝わったというのである。

◈ ◈ ◈

鬼の通り道として北東を忌むべき方角と考えた人々は、ここに霊力の強いものを置いたり、縁起の悪いものを置かないようにして対策をとった。

家を建てるときこの鬼門の方角に戸口や井戸、便所、風呂などを設えないようにした。屋根には魔除けとして鬼瓦を配置し、神様を祀った。

鬼門には魔除けを置き、家の間取りに鬼門除けが張り巡らされた

平安京もまた、北東に位置する比叡山延暦寺に鎮守の役割を担わせた。

鬼門の反対の方角である「裏鬼門」は南西の方角で、鬼が抜け出る方角と考えられた。平安京からこの方角には伊勢神宮、賀茂社と並ぶ日本三社のひとつ「石清水八幡宮」がある。この社《やしろ》は裏鬼門を守る王城鎮護の神様として、延暦寺と共に朝廷から尊崇されてい

武家は鬼門にあえて挑む

History

近世になると、武家の世界では、城の鬼門に厠（便所）を設置することが多かったという。自分の勇猛さを誇るためか、あえて裏鬼門に設置した例もいくつか見られる。

た。このように平安京は街全体で魔物を防ぐ結界が張り巡らされていたのだ。現代でも、鬼門や裏鬼門の方角を意識し、北東に玄関、キッチンやトイレ、お風呂などの水回りを避けた間取りにしたり、東北隅に家と土地を守護する屋敷神を祀る家やビルが多い。

「北枕は縁起が悪い」ということを聞いたことがある人は多いだろう。ルーツは釈迦が亡くなった（入滅した）様子を描いた「涅槃図」にある「頭北面西右脇臥」の姿が、頭を北向きにし顔を西に向けて寝ていることにある。北枕で寝ることは、人が死んだことを連想させ、縁起が悪いとされたのだ。

　今でも仏教式の通夜や葬儀で、亡くなった人の頭を北に向けて安置する儀礼があるが、そのルーツは同じである。

鬼門の方角

陰陽五行説では北東の方角を鬼門と呼び、忌むべき方角としている。鬼の出入り口があるため、この方角から鬼がやって来るといわれている。

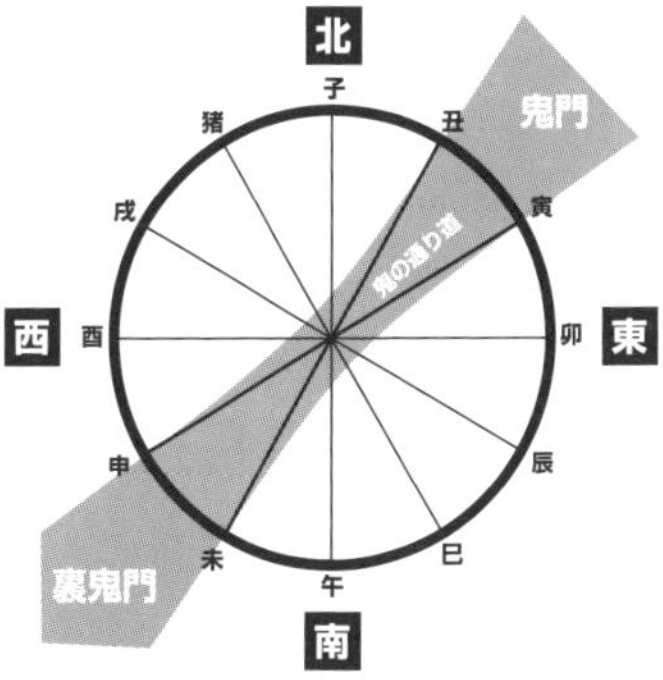

裏鬼門は鬼の出口で、鬼門と同じく忌むべき方角とされている。

Culture

北東の角を切れば鬼門はなくなる

鬼門信仰が広まると、さまざまなかたちで鬼門よけが行われるようになった。そのひとつに、北東に位置する角を切って鬼門をなくすという対策がある。

京都御所には、御所の四隅のうち鬼門にあたる角を引っ込めて角をなくした。また、屋根の下には比叡山の鎮守の神使である猿の像を置き防御をとっている。

怪異が生まれる時間の境界線

時刻

【jikoku】

夕暮れ時の薄暗い時間は、
昼と夜が切り替わる魔の時間帯だった。

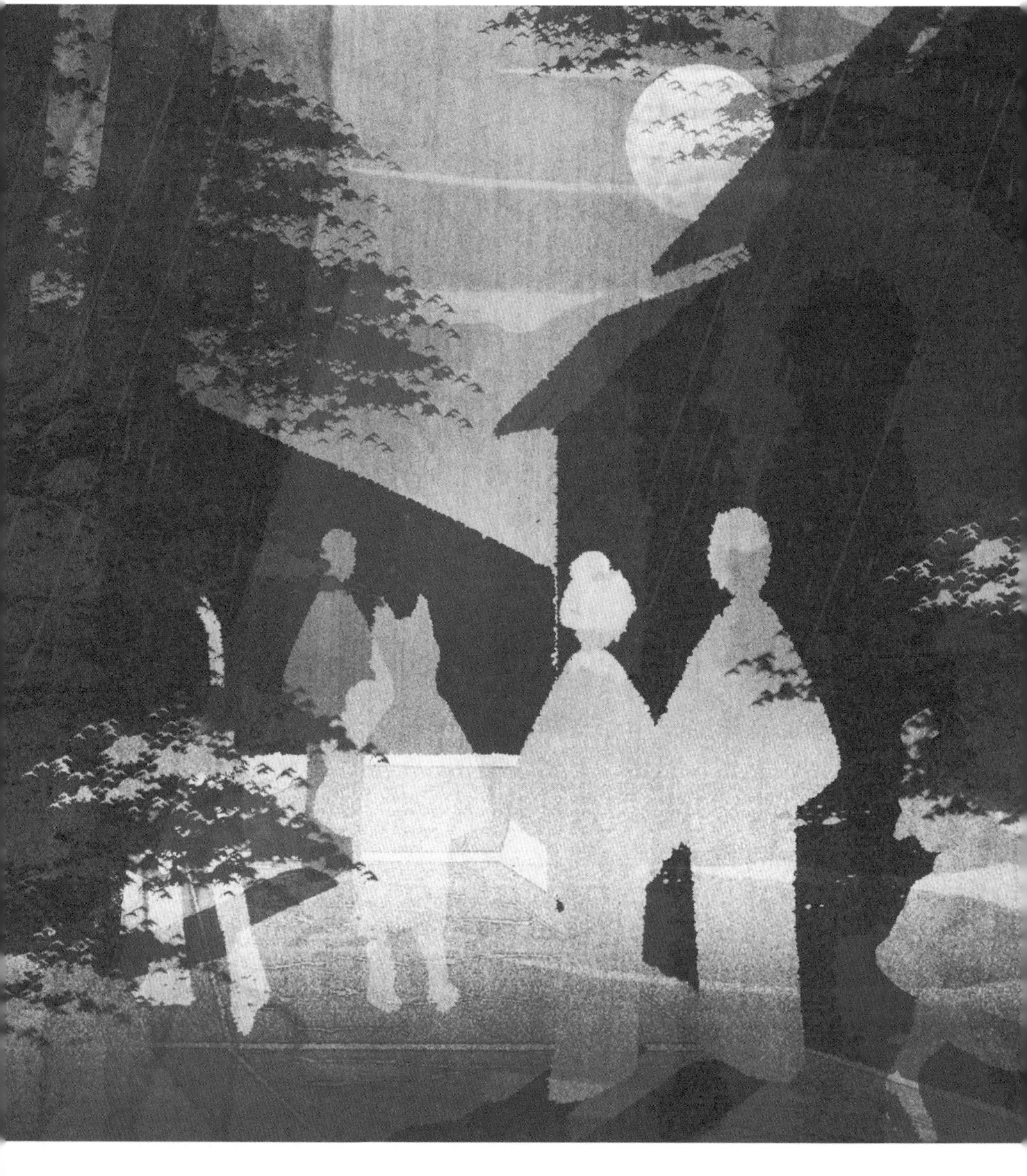

妖怪や魔物が動き出す夕暮れ時の「逢魔《おうま》が時《とき》」

妖怪は「夜」の時間に現れる

UNDERWORLD

夜になるとあたりは真っ暗になり、昼間の日常的空間から一転し、闇の世界へと変わる。つまり夜は非日常的な空間とされ、妖怪や魔がひそんでいると考えられたのだ。

空間だけでなく、時間の区切りにも古くから人々は意識した。季節、年月日、時刻にも境界が存在すると考えたのである。日本には様々な行事があるのはそのためだ。

不吉な時間帯を代表するものとして、「逢魔が時」がある。日が落ちはじめ薄暗くなる夕暮れ時のことである。昔は、一日の区切りは昼と夜で分けられたため、昼から夜に切り替わる夕方は時間と時間の境目であり、そこから妖怪や魔物が侵入すると考えられたのだ。

また、同じ時間帯を示す言葉に「大禍時《おおまがとき》」というものもあり、悪いことが起きる不吉な時間とされた。逢魔が時はこの言葉が語源になっているという説もある。

他にも「黄昏」という言葉がある。同じく夕暮れ時を指し、薄暗くなり人の顔の見分けがつきにくいときに「誰そ彼（たそかれ）」＝「あれは誰？」と言ったことが語源となっている。

丑の刻は霊界の扉が開き魑魅魍魎が動き出す魔の時間

呪いの儀式として有名な「丑の刻参り」――。丑の刻とは午前1時から3時の間を指し、その時間帯に呪いたい相手の藁人形を神社の神木に五寸釘で打ち込んで呪う儀式だ。この丑の刻が不吉な時間帯とされたのは、陰陽道における十二支の鬼門が関係している。鬼門とは北東の方位を指し、古来より鬼が出入りする方角として考えられていた。昔は1日を2時間ずつ、十二支になぞらえて12の時間帯に分けられていたため、鬼門の方角を指す丑寅の刻が不吉な時間帯とされたのだ。

「丑三つ時」も幽霊が出ると言われている時刻とされている。干支に合わせた一刻（2時間）を30分ずつ4等分し「一つ時」「二つ時」「三つ時」「四つ時」と呼んだ。よく知られる「丑三つ時」は、丑の刻の3つ目という意味で、丑の刻が午前1時から3時とすれば、2時半ということになる。

この時間帯はまさに妖怪や怪異が訪れる不気味な時間として人々は恐れたのであろう。

丑三つ時に合わせ鏡をしてはいけない

History

数枚の鏡を互いに映るようにすることを合わせ鏡という。丑三つ時にすると、この世にはないものがやってくると考えられている。

鳥山石燕「逢魔時」（『今昔画図続百鬼』より）

Culture

丑の刻参りゆかりの地、京都の貴船神社

京都の貴船《きふね》神社には「丑の年の丑の月の丑の日の丑の刻」に貴船明神《きふねみょうじん》が降臨したといわれ、丑の刻に参詣すると願いが叶うという伝承があった。

もともとは祈願成就のためのものだったが、丑の刻にまつわる鬼門の思想から不吉な考え方と結びつき、呪いの儀式をする時間となったと言われている。

魂が行き着く死後の世界

他界

【takai】

死後の世界は多岐にわたる。
山と海、宗教から他界観を読み解く。

人々の魂は、山や海のはるか彼方にある世界へ飛び立つ

誰かが亡くなったことを指して「他界した」という言葉があるように、人々は昔から死後の世界があると考えていた。また、この死生観は古今東西、世界中に様々な考え方が存在している。

日本では、原始信仰の頃には、大きく分けて山と海に他界を設定したと考えられている。前者の山中他界観では、死者の霊は近くの山の中に留まると考えられた。ふもとに住む人々は生活の場と霊が留まる山を切り分け、正月や盆などの行事によって霊力で家族を守ってもらうことを願った。また、山は魂が宿る霊山として崇敬を受けるようになった。

また、海に他界があると考えることを海上他界観と呼ぶ。人が死ぬと霊魂は海のはるか向こうにある世界に行ってしまい、1年のうちに決まった時期にこちらに帰ってくると考えたのだ。

「補陀落《ふだらく》」を目指し船出した「補陀落渡海《ふだらくとかい》」

History

補陀落とは南の海の果てにある浄土を指す。生きながら棺桶の小舟に乗り、仏の世界へと飛び立つ捨身行《しゃしんぎょう》を補陀落渡海という。密閉された暗い空間で船が沈むまでお経を読み、死後浄土に生まれ変わることを願った。

日本神話における黄泉の世界と仏教の輪廻転生、極楽浄土の世界

日本神話には、死者の住むところとして「黄泉」という世界が登場する。日本国と神々を生み出したイザナギとイザナミの夫婦の神が決別する話の中で描かれている。

イザナギたちが火神を生み出したとき、妻のイザナミが火傷を負い死んでしまった。黄泉の国へ行ってしまった妻を夫のイザナギは連れ戻そうと黄泉へ向かうが、イザナミは黄泉で食事をしてしまったため戻ることができなかった。

イザナミは夫に自分の姿を決して見ないよう約束させるが、イザナギは櫛に火を灯し妻の姿を見てしまった。すると、そこには身体中に蛆虫と膿がわき、醜く変わり果てた妻の姿が。あまりの恐ろしさにイザナギは逃げ、自分の姿を見られ怒り狂ったイザナミは夫を追いかける。イザナギは黄泉の入り口を大きな岩でふさぎ、現世へ帰ったという。

この話の通り、生きているイザナギが黄泉へ行ったことから、現世の世界と死者の国である黄泉はつながっていることがわかる。また、イザナミが黄泉で食事をしたことから、黄泉では現世と同じように死者が活動している様子も伺える。醜い姿のイザナミは死者を表し、黄泉の入り口をふさぐことから、死は忌み嫌うものとして「死＝穢れ」と認識されていたと考えられる。

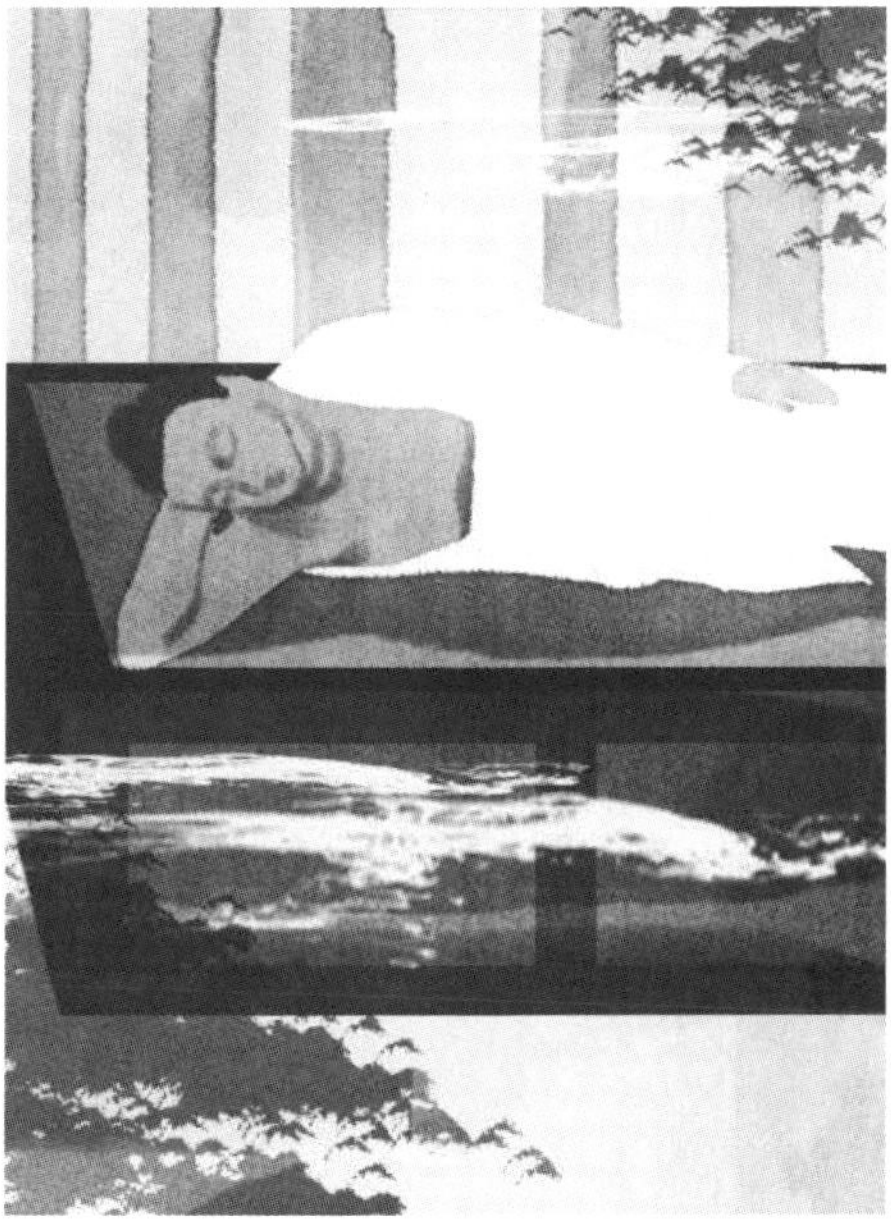

6世紀半ばに日本へ伝来した仏教は新たな死後の世界を伝える宗教であった。死後の世界には「六道」という天道、人間道、修羅道、畜生道、餓鬼道、地獄道の6つの行先と（六道輪廻）、そのサイクルから外れた、極楽という世界に行くと考えられた。死後の49日間であの世（冥途《めいど》）へ向かう途中、生前の行いにより行先を六道か極楽か審判にかけられるのだ。

　極楽浄土の世界は宗派によって異なるが、一般的には浄土宗が有名だ。「浄土三部経」の中の「仏説阿弥陀経」によると、極楽浄土は黄金の大地と無数の宝で装飾された清浄な世界で、阿弥陀仏が住んでいるとされている。

Culture

「十王経」による死後49日間の審査内容

　経典のひとつ「十王経」には、死後49日の間に死後の世界に行きつくまでのルートが記されている。まずは三途の川を渡し船で渡り、川の向こう側にある極楽を目指す。

　向こう岸に着くと、服をはぎ取る脱衣婆という老女による審査が行われ、生前に行いが悪いと、服をはぎ取られる。そして、無事クリアした後いよいよ十王の審査が始まるのだ。

　泰広王、初江王、宋帝王、五官王、閻魔大王、変成王、泰山王、平等王、都市王、五道転輪王の順に10人の王が登場し、順に審査が始まる。こうして長い旅を続けた後、49日目に六道か極楽浄土かの行先が決まるという流れだ。

Column 1

複合的に絡み合った異界という世界観

異界を想起させる思想や宗教は中国の陰陽五行説が基礎となっている

寺や神社そのものは、妖怪や化け物といった異界の住人が立ち入らないように、結界の役目を果たしているという。

このような考え方は、仏教や神道だけでなく、陰陽道と呼ばれる教えにもある。陰陽道は、紀元前3000年以上前の中国の陰陽説と五行説が元になっている。

万物はすべて陰と陽に分けられ、これらは常にバランスを取るものであるとする考え方が陰陽説。さらに、万物は木・火・土・金・水で構成されるという考え方が五行説。このふたつが合わさったものを陰陽五行説という。

万物はみな変化することから人々の生活も変化するとし、その変化を予見するという意味合いから陰陽五行説から占いが派生する。占いは、日にちや位置に関係したもので、「この日は不吉なので外へ出てはならない」「その方角は運勢がよくないので行ってはならない」など、異界を想起させるものであった。

また、陰陽道は陰陽五行説に加え、不老長寿を得ることができるとされる中国思想の道教や、神秘的な儀式や呪文を用いるインドから中国に伝えられた密教なども混ざり、独自の思想を形成していった。

さらに陰陽道は、日本で独自に発展したとされる山岳信仰や修験

陰陽師の安倍晴明は、吉凶の占いや病気治癒の祈祷だけでなく、物の怪を封じる儀式を行った。

道も取り込んでいく。

ちなみに、陰陽道の発展に寄与した人物で、最も有名なのが陰陽師の安倍晴明である。晴明は歴史物語の『大鏡』や説話集の『今昔物語集』にも登場する実在の人物で、土御門流の陰陽道を大成したとされる。

また、律令制の下、中務省に陰陽寮が置かれる役人の組織があったが、晴明は陰陽道の始祖である加茂氏とともに独占的に司るようになったという。呪術的な行為を最初に行ったのも晴明であり、異界を語る上で欠かせない人物といっても過言ではないだろう。

ただ、私たちの世界と、それとは異なる世界という考え方は、仏教や神道にもあり、決して陰陽道だけのものではない。むしろ、異界という世界観は、どの思想、どの宗教と限定されるものではなく、すべてが複雑に絡み合った集大成という見方ができる。

仏教が日本に伝わったのは飛鳥時代からだが、平安時代には神仏習合といって仏教と神道は混ざり合っていた。そこに独自の発展を遂げた陰陽道の思想も加わり、互いに影響し合っていたと考えるのが適切だろう。

MEMO

現代では、妖怪退治をイメージしがちな陰陽師という職業。彼らは天文学に造詣が深く、暦の作成や気象予報、水時計と呼ばれる時計を使った時間の管理なども行っていた。

第2章
モノと暮らしと異界

私たちが暮らす日常の社会の中から、
異界と関わりの深いしきたりや文化を紹介。
普段何気なく使う言葉や、よく目にする色やかたちには
呪術的な意味合いが含まれているものがある。

言葉
しぐさ
左右と形
女
身体
遊び
動物
職
色
音
香り

口から放たれる霊力が宿る

言葉

【kotoba】

古来より言葉には魂があると考えられ、
それが「言霊」信仰につながった。

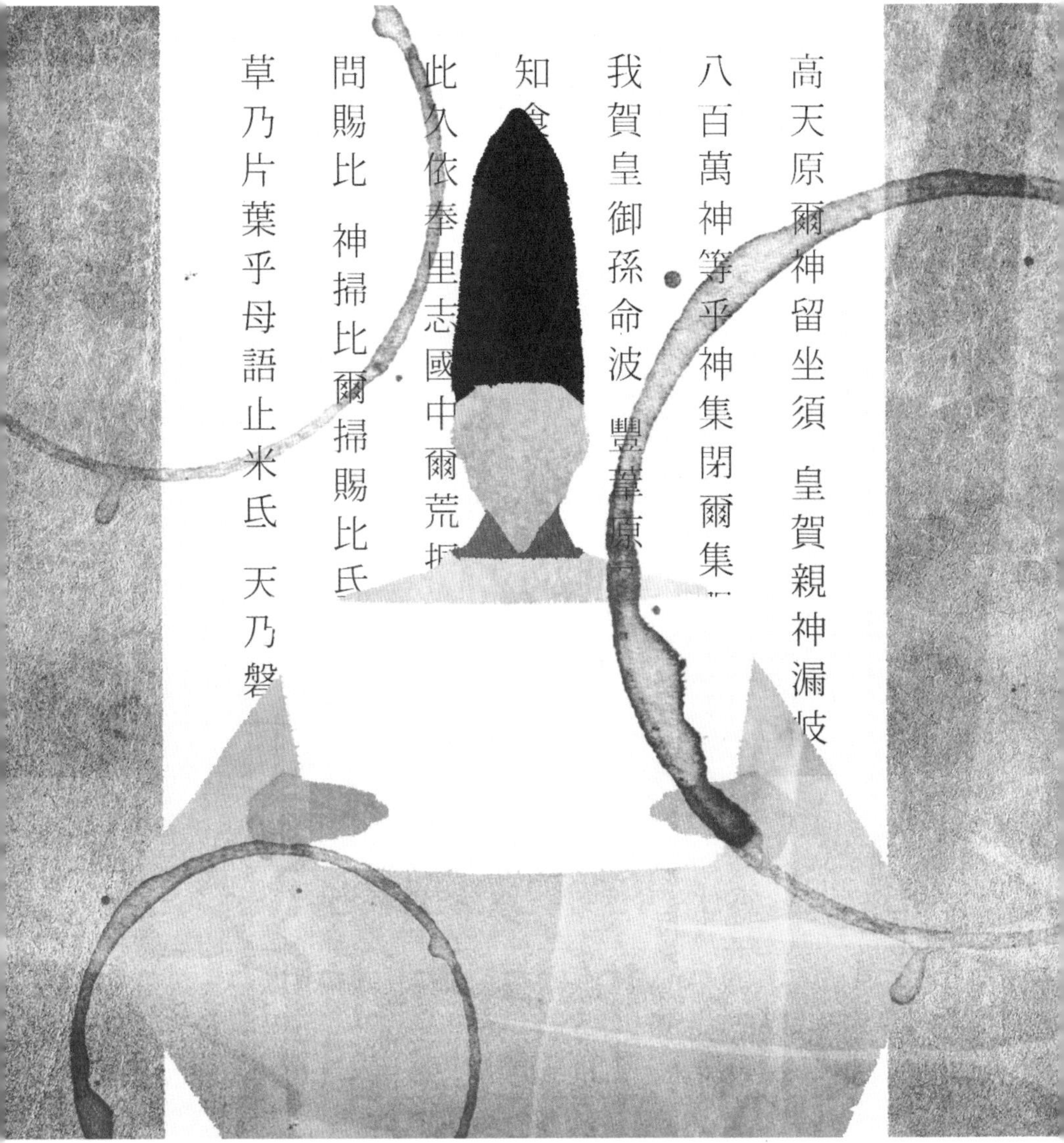

高天原爾神留坐須　皇賀親神漏岐
八百萬神等乎神集閉爾集
我賀皇御孫命波　豐葦原
知食
此久依奉里志國中爾荒
問賜比　神掃比爾掃賜比氐
草乃片葉乎母語止米氐　天乃磐

言葉には霊力が宿り
人々は言葉による災いを畏れた

日本人は古くから「言葉に宿る霊力＝言霊」を信じてきた。端的に言えば、良い事を口にすると良い事が起き、悪い事を言うと、悪い事が起きる、というものだ。この場合の「事（こと）」は「言（こと）」に通じ、双方が互いに作用しあうというのが、言霊の思想である。

　この思想は現在も忌み言葉や、忌数といった風習として引き継がれている。たとえば、結婚式では「切れる・別れる・終わる」などの言葉がスピーチや司会の進行に使われないように配慮され、披露宴の終了を「お開き」と言い換える。ホテルの部屋番号から「4（死）」「9（苦）」という番号を除いたり、車のナンバープレートでは「42（死に）」「49（死苦）」は希望しない限り、割り当てられないそうだ。

呪いの決め言葉「急々如律令《きゅうきゅうにょりつりょう》」とは？

History

お札によく見られる文言「急々如律令」とは、「急々に律令（法律）の如く行え」という意味。「命令に従え」という意味合いを持つ。もともとは中国で行政文書で用いられた定型句で、日本に伝わり呪文の終わりに添える決め言葉として取り入れられた。

おまじないや呪いにもなる言葉の霊力

日常生活の中でも「梨（無し）」を「ありの実」、「すり（摩り＝使い果たす）鉢」を「あたり鉢」と言い換える例が見られる。

◈
◈
◈

言霊の力が最大限に込められていると考えられるのが、神事において奏上される「祝詞」であろう。祭神の御名、祭祀の由来、神徳の称賛、祈願の趣旨などが宣命書きと呼ばれる漢字と万葉仮名混じりの独特の表記法で書かれ、それを神職《しんしょく》が読み上げる。これは読み間違いを防ぐために編み出された表記法で、現在も使われている。

日本では贈り物を相手に渡す際、「つまらないものですが」と言葉を添える習慣がある。また、自分の息子を「愚息《ぐそく》」、「豚児《とんじ》」などと呼ぶ。これらは確かに謙遜の意味もあるが、同時に大事なものをほめると、それを聞いた魔や邪気にとりつかれたり、奪われたりするという警戒からの防御策だと指摘する専門家もいる。

「拝啓」「敬具」は祝詞がルーツ

History

形式的な手紙を書くときに用いる、「拝啓」や「敬具」は、もともと神仏に祈るときに使われた祝詞の言葉だったと言われている。

他にも「いってらっしゃい」という呼びかけのあいさつは「行って」と「いらっしゃい」が合成したもので、相手が戻ってくることを願うおまじないの要素が含まれているという説がある。

普段から人々が何気ない一言にも言霊を意識して使っていたことがうかがえる。

◈ ◈ ◈

言葉の霊力として、呪文も日本独自の文化を生み出している。たとえば、呪いの言葉が書き込まれた木札で現存する日本最古のものとして8世紀後半の「蘇民《そみん》将来《しょうらい》」と書かれた木簡がある。この文字は蘇民将来伝説（P134参照）で登場する神の名前であり、災厄を防ぐ意味を持っていた。なお、この信仰は現在もある。

忌言葉

忌言葉とは、不吉な意味や連想を避けるために用いられた言葉。特定の場所やジャンルによって様々な忌言葉が存在する。

マタギ言葉

猟師が山で使用するのを避けた言葉。

- 熊→イタツ
- 米→クサノミ
- 捕獲→タタグ
- 酒→ワッカ
- 雪崩→ワンバ
- 握り飯→アモ

沖言葉

漁師が海上で使用するのを避けた言葉。

- イワシ→コマモノ
- ヘビ→ながもの
- くじら→エビス
- マス→ナツモノ
- 熊→山の人
- 狐→イナリ

伊勢斎宮

伊勢神宮に伝わる忌言葉。

- 仏→中子
- 寺→瓦葺
- 僧→髪長
- 尼→女髪長
- 死→奈保留
- 血→阿世

Culture

日本人が無口なのは「言挙げ」をしないから？

日本人の特質として無口だと言われることが多いが、これは言霊信仰が関係している。言葉に出して意思表示をする「言挙げ」を恐れる文化があったからだ。日本神話の伝説には、ある神が間違えた言挙げを行い亡くなってしまうエピソードがある。言葉が正しくない場合、命を取られるという考え方が古代にはあったのだ。このような価値観は、日本ならでは思想であり、日本人の習慣にも繋がっている。

穢れや祟りから身を守る

しぐさ【shigusa】

魔から自分を守るため、
人々はあらゆるしぐさで邪気を祓った。

私たちが行うしぐさには、魔を防ぐおまじないのような意味合いを持つものが存在する。

えんがちょは、穢れを移さない古来のならわし

息を吹きかけるしぐさの霊力

KEYWORD

息を吹きかけるしぐさは呪術的な意味があると言われていた。「ちちんぷいぷい、痛いの飛んでけー」と傷口に息を吹きかけるおまじないのひとつだ。息は生命に必要な「呼吸」に通じるため、災厄を吹き飛ばす力があると考えられていたという。

たとえば、霊柩車を見たときには親指を隠すというしきたりがある。これをしないと「親の死に目に会えなくなる」などと伝えられているが、これには古来より親指から魂の出入りがあると考えられていたという由来がある。死者の魂が自分に入り込まないようにするため、親指を隠すようになったのだ。

　他のしぐさとして「えんがちょ」がある。えんがちょのやり方は様々だが、両手の人差し指と親指を輪っかのようにつなげ、「縁切った」と言いながら真ん中を切るのが一般的だろう。こうすることで「汚れ」がうつらないとされた。この動作は平安時代からあったと伝えられる。『平治物語』の絵巻物には、藤原信西《ふじわらのしんぜい》の首をさらして歩く行列を見物している人が、人差し指と中指で十字を作っている様子が

薙刀に結ばれた藤原通憲（信西）の首とそれを見て穢れを防ぐ人々（平治物語絵詞・信西巻）

描かれている。その傍らでは袖で鼻と口を覆う人の姿も見られる。どちらも死者の穢れや祟りから身を守ろうとしているのだ。

　このように、指で十字や輪を作るなどして魔や邪気に対抗する考え方は、密教の「印」にも通じていると考えられる。

◈◈◈

指と指の間から異世界を覗き魔物を見破る「狐の窓」

指を使ったおまじないとしては「狐の窓」も有名だ。両手の指で組んだ隙間から覗き見ると、人の姿に化けた狐を見破ることができるという言い伝えがある。その指の組み方は様々で、複雑なものもあるが、民俗学者の柳田國男は著書

指パッチンは呪術だった

KEYWORD

密教の魔除けの作法のひとつに「弾指《たんじ》」というものがあった。人差指の爪を親指の腹にあて弾き音を出すことで、災いを祓う意味があると考えられた。

「狐の窓」の作り方

両手で組んだ輪の隙間から狐の嫁入りが見えたり、狐火の正体を見破ることができるという様々な伝承がある。

①両手の指で狐の頭部の形を作る

②左右の小指と人差し指を合わせる

③曲げていた薬指と中指を伸ばす

④左手の親指を人差指と中指の前に、右手の親指をうしろにする

『こども風土記』の中で、「人さし指と親指とにて輪をつくり」（狐あそび）とシンプルな組み方を紹介している。これも「えんがちょ」と同じように、手の指によるしぐさが異界との関わりに深い意味を持つ事例のひとつであると言えよう。

最近はあまり見なくなったかもしれないが、いわゆる「ゆびきりげんまん」は約束を交わすときのしぐさとして一般的であった。「げんまん」は「拳万」であり、そのあとに続く「針千本のます」と同じく、嘘をついたとき、約束を破ったときの罰として、拳で一万回殴るという意味だ。

また、ゆびきりの際に、互いの手を激しく振るのは神を喜ばせる「魂振り」の意味があるとも言われ、いわばお祭りで神輿を揺らすようなしぐさだとする説もある。

Culture

九字を「切る」というしぐさ

呪術的な作法で有名なものとして「九字」がある。「臨《りん》兵闘者皆陣列在前《ぴょうとうしゃかいじんれつざいぜん》」の9つの文字を唱えながら、手で一つひとつ印を結ぶのが一般的なやり方だ。他にも略式化された早九字の作法もあり、これは手を十字に切るように動かす。その時行者は人差し指と中指を立て「刀印」と呼ばれる形に手を組む。これは文字通り「刀」を象徴したもので、空間にいる魔を切り裂く意味がある。こうしたしぐさは、戦国時代に活躍した忍者たちも行っていたという。

不吉を避け魔物を祓う

左右と形

【sayuu to katachi】

あらゆるモノの位置や形には、
呪術的な役割が隠されている。

陰陽五行説に基づいて左右の文化が生まれた

古来、上下左右の向きには優劣や陰陽など、様々な意味付けがなされた。上下は天と地を表すのでわかりやすいが、左右をどのように扱うかは多少複雑なものになる。

京都府には左京区と右京区がある。北を上に見れば、東側が「右」になりそうだがそうではなく、東が左京区、西が右京区である。これは「天子は南面す」という中国の風習に由来する。南を向いた天皇から見て、右側は西、左側は東というわけだ。

ちなみに、左大臣は右大臣より格が上である。ひな人形で飾る際は、男雛（天皇）から見て、左側（向かって右）に左大臣が置かれる。

着物の着方も、通常は右前で着るのが正しく、左前は死装束に用いることから極めて不吉とされる。第44代の元正天皇が

ご飯は左、汁は右にする配膳のルーツ

KEYWORD

日本では、ご飯を左に汁ものを右に配膳する。米は生命の源であり神様の依代にもなる尊い食べ物。陰陽五行説の左を陽とし尊いとする考え方にそって、ご飯を左にする並べ方が生まれたと考えられている。

右の襟を前に着ることを決めたとされていて、この習わしは奈良時代から現在まで、１４００年以上続いている。

◈　◈　◈

魔物を払い、結界で封じ込める呪術的なかたち

土器に描かれた幾何学的な文様や、円墳、方墳、前方後円墳などの古墳の形状を見てもわかるように、図形や記号もまた、古くから人々にとっては意味のある表現手段だった。

たとえば、「×」は、異界との往来を封じる意味で用いられた記号であったようだ。辻（P46参照）の項目でも述べたように、いわゆる「十字」は、現世と異界の交差を連想させる形である。

昔は祭祀に用いられる道具や、死者の体、棺などに×を書いた。それは死者が現世へ戻ることを禁じるためであったという。「胸」という字は、死体の胸に書かれた「×」を表している。

また「×」の変形として「大」や「犬」という字が、新生児の額に書かれる風習もあった。これらは「アヤツコ」と呼ば

お城を守る「×」印

UNDERWORLD

敵の侵入を防ぐため、城郭の虎口（入口）、天守台、鬼門部の石垣には×印が刻印されていることがある。福島県の会津若松城の５つの虎口（入口）の石垣には×印がある。

れ、生まれたばかりの赤子を守るための魔除けとして考えられた。

◈
◈
◈

魔除けや呪符とする有名な形として五芒星（☆）がある。

古代より世界中で呪符として用いられているこの記号は、一筆書きで書け、すべての部分が閉じる形から、魔の侵入を防ぎ、また迷い込んだ魔物を封印することができると考えられていた。

日本では、この五芒星が中国から伝来されたものが信仰と結びつき、密教では「地・水・火・風・空」の5大要素を、陰陽五行説では「木・火・土・金・水」の相生《そうせい》説《せつ》や相剋説《そうこくせつ》の概念として表された（P103左上図参照）。六芒星星に似た六防錆は、線が交差する部分が多くあり、結界として用いられている。

さまざまな魔除けの形

魔除けの形は六芒星以外にも様々な形が存在している。主にその形の線は結界の意味があり、魔を封じ込める意味があったとされる。

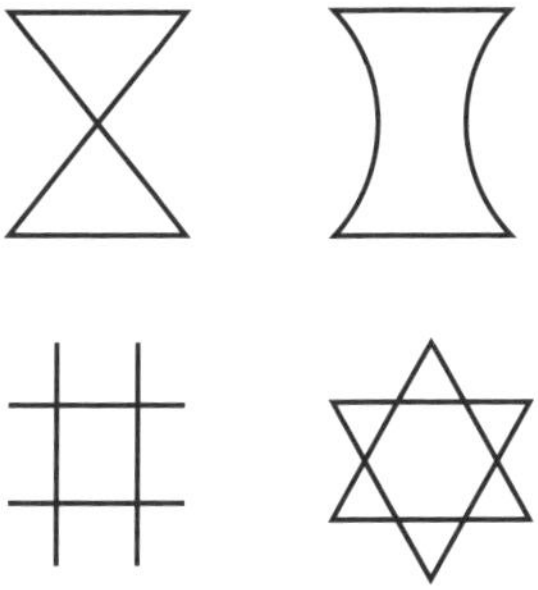

Culture

九字と五芒星で最強の魔除けに

九字（P75参照）を簡略化させた記号として、縦横9本の線を組み合わせた形がある。星形の記号である五芒星とセットになっていることが多く、この組み合わせは最強の魔除けとされている。4×3の12のマス目が結界を表し、魔除けや魔を封じ込める効果があるという。

穢れが生み出した性の結界

女

【onna】

日本には「女人禁制」など、
穢れから生まれた文化やしきたりがある。

不合理で蔑視的な女性観の広がり

仏教による女性不浄観の拡がり

KEYWORD

仏教の経典のひとつに、『血盆経《けつぼんきょう》』というものがある。ここでは女性は出産で大量の血が流れるため、その罪により死後「血の池地獄」に堕ちると説かれている。この教えは中世から近世にかけ拡がり、社会通念となっていった。

性別による制限が生み出したしきたりが日本には多く存在する。代表的なものとして「女人禁制」がある。神事や仏事などの儀式から女性を排除するようになったのは、平安時代初期の仏教、山岳信仰、修験道などが始まりだと言われる。特に比叡山、高野山といった聖地、修行場としての山に対する立ち入りは厳しく、富士山は明治の初めまで、女性の登山が認められていなかった。

本来は、仏教の五戒のうちのひとつである「不《ふ》邪淫戒《じゃいんかい》」を保つため、男性修行者に性的な欲求を起こさせないための方法だったと思われるが、時を経るにつれて、極めて蔑視的で不合理な「穢れ」、「不浄」といった女性観が広まった。

一般化してしまった女性に対する穢れのイメージは出産と月経に重ねられた。どちらも出血をともなうもので、血は神聖さを汚すものとして忌避された。死による穢れ「死穢《しえ》」とともに「産《さん》穢《え》」「血穢《けつえ》」は「三不浄」とも呼ばれるようになる。

生命を生み出す出産は「産穢」として日常から切り離された

穢れは伝染するものと当時考えられた。これを「触穢《しょくえ》」という。「端午の節句」（P120参照）の項でも触れたが、この頃の田植え作業に関わる女性が家を離れ、特別な小屋で集団生活しながら身を清めたという慣習もその概念がもとになっている。これは女性に清浄さや聖性を求める裏に不浄さを認めていたとも捉えられる。

また、穢れは伝染するものとして考えられていたため、忌み期間を定めたしきたりが存在した。月経中や出産前後の女性は、一定期間、月経小屋や産小屋などの別の場所に隔離され、様々な遠慮を強いられたのだ。

こうした小屋は西日本を中心とした地域に多く、三重県と和歌山県に近い吉野郡十津川村には、月経中の女性が過ごす「ヒマヤ」という小屋があり、明治末まで残っていたという。また、京都府丹波の大原神社には、川のふもとに産屋がある。二畳ほどの広さで、天井から綱が下がり、入り口には魔除けとしての鎌がかかってい

妊婦の妖怪「産女《うぶめ》」

History

産褥《さんじょく》で死んだ女の妖怪を「産女」という。死んだ妊婦を埋葬すると「産女」になるという考え方があった。赤子を抱いた血だらけの女として描かれた。

る。この小屋は出産する場所として大正初期まで使用されていたという。

◈ ◈ ◈

中世以降に始まり、庶民にも拡大した女性の出産と月経にともなう血の穢れという考え方は、現代になっても、習俗、しきたり、伝統といった形で存在している。

現在も女人禁制の場所は多く残っている。相撲の土俵は、神域という考えから女性が上がることができない。また、大阪府の岸和田のだんじり祭りも、同じような理由から女性は山車《だし》に乗ることができない。他にも、生理中に鳥居をくぐってはいけない、妊娠中は葬儀に参列してはいけない、出産前後は家族と別の小屋に住み、食事に使う調理用具も食器も別にするといったことが20世紀に入っても引き続き行われていた。伝統か、差別かは難しい問題である。

京都府の大原神社にある「大原の産屋」。女性たちは、ここで出産を行った。

Culture

現存する女人結界門「大峰山」

奈良県の南部吉野郡に拡がる山上ヶ岳一帯を「大峰山」という。登山のコースのひとつに「女人結界門《にょにんけっかいもん》」という女性の立ち入りを禁止する門が建てられ、現在も女性の入山が禁止されている。修験道の聖地である大峰山は、宗教上の理由で現代もなお「女人禁制」を行っている。

女人禁制の孤島「沖ノ島」

福岡県にある沖ノ島は、世界文化遺産であり、島全体が神域となっている。この島は神官ひとりが交代で島を守護し、1年に1日のみ一般人の上陸が許される。ただし、男性だけに限られ、現在でも「女人禁制」が守られているのである。

肉体に秘められた神秘性

身体

【karada】

すべての行いは身体を通して行われる。
古来の人々は肉体そのものに霊的な力があると考えた。

身体の五官、目や口の持つ霊力

人間の身体において、特に外界と多くの関わりを持つのは、目、口、舌、鼻、耳の「五官」であろう。現実のコミュニケーションをとる上で重要であることはもちろんだが、異界との交流においても、これらの器官が果たす役割は大きい。

たとえば、目には見るという行為から霊的な力があると考えられた。神話や『万葉集』などには、神々や天皇が高い場所に登り、周囲の風景を見る「国見」という行為がある。国見は、支配する国土を確定する行為だった。また、神々や天皇が風景を眺め、国をほめることで、国土に五穀豊穣をもたらす祭りでもあったという。

時代が下り、「鶴の恩返し」や「雪女」などの昔話に、「見てはならない」という禁忌が設定されている例がある。ここでは、見ることで夢や幻の状態が即座に崩れてしまう。

このように、目には対象に働きかける特別な力があると考えられていたことがわかる。

目籠《めかご》は魔除けアイテムとして使用された

History

目籠とは竹で編んだ籠で、編目が粗く星形になっている。その形から目籠には大きな目がたくさんついているとされ、魔除けとして用いられた。屋根に掛けたり、節分の日に鬼を撃退するため戸口に吊るす地域もあった。

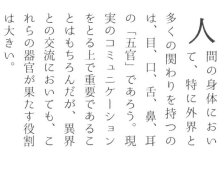

頭部から生み出される生命力としての呪力

言葉に霊力が宿ると考えられていたことにはすでに触れた。古来人々はさらに、言霊が放たれる口にも呪力があると考えていた。口の中にある歯や舌、口から出される息にまつわる様々な伝承がそれを証明している。

噛むという行為に呪力を認めている例としては獅子舞が挙げられる。獅子の口に頭を噛まれると厄払いになるという風習だ。そもそも歯は年を取るとともに失われるもので、生命力の象徴だと考えられてきた。

舌を出すしぐさ、「アカンベー」も呪術のひとつだと言われる。普段は見せない赤い舌と、下まぶたの内側の赤い部分を見せるのは、それが魔除けの色であるとともに、隠れた部分をあえて表に出すという異常性の力を持つ。

吐く息も重要だ。P125でも触れているが、紙の人形に息を吹きかけるだけで、災いは人形に移ると信じられている。また、口笛を夜に吹く禁忌を犯すと蛇が出る、火事になるなど様々な伝承がある。

髪の毛は呪いの必須アイテム?

History

髪の毛は呪術に用いられることが多い。髪は体から切り離しても腐りにくい。そのため、人の魂や生命力を象徴するものと考えられ、呪物として扱われることが多い。

『新容六怪撰 平相国清盛入道浄海』月岡芳年（『平家物語』巻5「物怪之沙汰」より）
入道清盛が突如現れた大骸骨を睨みつけ、退治する様子を描く。

Culture

頭部に宿る巨大なエネルギー

かつて、日本では斬首による処刑が行われていた。これは、首と胴がつながった死体は甦ると考えられていたためだ。首と胴を別々に埋葬する場合も多く、日本三大怨霊のひとつとされる平将門の首と胴は、それぞれ東京と茨城に埋められている。

五本指と仏教

仏教では、手指それぞれに仏教の宇宙観を表す要素が当てはめられている。右手の親指から、識、行、想、受、色の「五蘊《ごうん》」（人間の心身をつくり上げるもの）、左手の親指から、空、風、火、水、地の「五大」（万物をつくり上げるもの）と考えられ、印を結びあらゆる霊験を表した。

神霊を呼び寄せる異空間

【asobi】遊び

「かごめかごめ」などの子どもの遊びは、
神を口寄せする呪術が起源と考えられている。

子どもの遊びと神事の共通点

かごめかごめの原型「地蔵遊び」

History

1人の子どもの周りを、他の子どもたちが取り囲み、「おのりやれ、地蔵様」と唱えながらぐるぐる回る。中心の子は次第に地蔵になり、他の子どもたちからの質問に答えていくという遊びだ。中心の子が地蔵に憑依される様子から、口寄せの儀式から生まれた遊びだと考えられている。

子どもが屋外で行う遊びの代表格と言えば、やはり「鬼ごっこ」だろう。あえてルールを説明するまでもないと思うが、最もポピュラーなものは1人の子どもを鬼に設定し、他の子どもたちは追いかけてくる鬼から逃げるというものだ。今も節分の豆まきに同様の設定（この場合は鬼が追われる）があるように、そもそも子どもの遊びと宗教的な風習には共通点がありそうだ。

たとえば、幼児が砂場の砂をご飯に、泥水を飲み物に見立ててする「ごっこ遊び」は、本来は飲食をしない神へのお供えに通じる行為ととらえることもできるだろう。実際子どもは、一緒にいる人を相手にすることもあれば、その場にいない「誰かをもてなす」ような遊びさえする。

「七歳までは神のうち」という言葉がある。純粋無垢な子どもの遊びには、文明的に未発達だった原始の人々の信仰に似た行為が含まれているのかもしれない。

かごめかごめで囲まれる異空間には神霊が宿る

最近は見かけなくなったが、「かごめかごめ」も子どもの集団遊びではポピュラーなもののひとつだ。中央に鬼に仕立てた子どもが目隠ししてしゃがみ、周囲を数人の子どもたちが輪になって囲み、「かーごめ、かーごめ」と歌いながら回る。最後に「うしろの正面だぁれ?」と鬼の背後にいるのが誰かを当てさせる遊びだ。

この遊びは、円陣の中央にいる者に神霊を憑依させ、ご託宣をうかがうという原始的な神事に由来するものだと指摘する専門家は多い。見えるはずのない背後の人の名を問うように、人々は神のみぞ知る未来の吉凶を中央の者に尋ねていたと考えられている。

◈ ◈ ◈

鬼ごっこには様々な派生形がある。「影踏み鬼」は、鬼が誰かの影を踏むことによって交代するという鬼ごっこのひとつである。近年は昼間にやる遊びとして知られるが、明治時代の半ば頃までは月明かりの下、特に十三夜の晩に行われた。なぜ十三夜なのかは、理由はわかっていない。

かつては鬼でない子どもたちが鬼の影を踏みに追いかけて遊んだようで、邪気を払う神事の転化と考えられるかもしれない。

鬼が追いかけられるルーツとなった「追儺《ついな》（P117参照）」の行事を描いた様子。（『都年中行事画帖』（1928年）より）

Culture

天と地の宇宙観を表した囲碁の遊具

　囲碁は陰陽五行説に基づいた中国発祥の遊具である。黒と白の碁石は陰陽を表し、丸い碁石と四角い碁盤の形は、当時の宇宙観である天と地を表現しているのだ。古代中国では、天は丸く地は四角いものと考えられ、これを「天円地方」という。そのため、碁盤は動かない大地として四角く、碁石はその上を動く天として丸い。囲碁は当時の宇宙観を表した遊具だった。

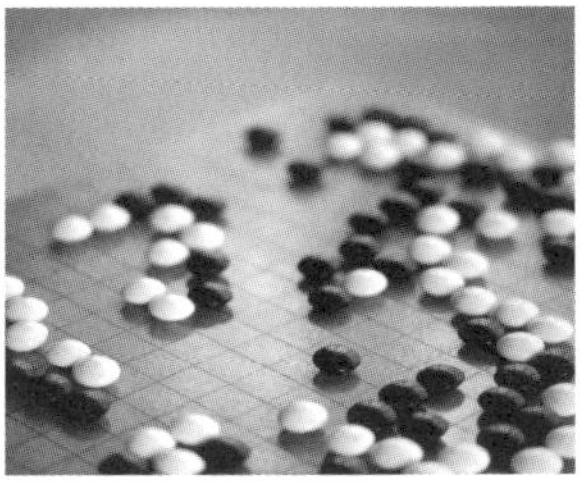

現世に生きる神秘な生き物

動物

【doubutsu】

人々にとって身近な存在だった動物は
神と人間をつなぐ畏怖の存在でもあった。

動物は現世と神域をつなぐ聖なる生き物

「狐《こ》狸《り》妖怪」という言葉があるように、特にキツネとタヌキは、山に住む怪しい動物であり、人を化かすことがあると古くから信じられていた。かつて飲食店などで客にマッチを渡していたのは、それを防ぐ意味があったとされる。マッチに含まれるリンや硫黄といった成分を動物が嫌う、というのが理由だ。マッチを持っていれば、帰り道に化かされることもないだろう、というおまじないの一種である。心憎い店側の配慮と言えるだろう。

　ただし、動物は人から怪しまれ、遠ざけられていただけではない。「神使」、「眷属《けんぞく》」などとして、サル、シカ、オオカミ、ウマ、カラスなど、あらゆる生き物が信仰、崇拝対象となっている。動物だけではなく、虫もそうだ。仏教由来の毘沙門天の神使は虫のムカデ

多種多様な神使《しんし》

UNDERWORLD

神使の動物は、その神社に関わりがある神話をもとに定められている。天神は牛、大黒様はネズミ、日本武尊は狼や白鷺など、神使の動物の種類は多種多様だ。神社によっては境内で飼育しているところもある。

五穀豊穣の神として信仰が広まった稲荷のキツネ

である。

　原始信仰にとって重要な要素が自然崇拝である。神霊と同じ場所に住みながら、ときどき里に顔を見せる動物たちは、人々にとってまさに異界からの使いと映ったことだろう。

◈ ◈ ◈

特にキツネは京都の伏見《ふしみ》稲荷《いなり》大社《たいしゃ》を筆頭に、全国に3万以上もあると言われる稲荷神社に祀られている。

　春、田植えの時期になると山からやって来る田の神に付き従っていたのがキツネだったという言い伝えがあり、その毛の色が豊かに実った稲穂の色であったことから、人々はキツネを五穀豊穣の神として信仰するようになったのだ。「稲荷」の語源は「稲生《ねなり》」である。ちなみに油揚げ、いなり寿司も稲穂の色を連想させることから、キツネの好物とされたようだ。2月最初の午《うま》の日は、伏見稲荷大社の稲荷神がご鎮座された日であり、「初午《はつうま》」と呼ばれる。今でも全国の稲荷神社が盛大にお祭りをする日である。

馬は神聖な乗り物だった

History

昔、馬は神様の乗り物だと考えられていたため、生きた馬を神に奉納した。その後、板に馬の絵を描いた絵馬へと変化していった。

『模文画今怪談』文斎栄之
馬の霊が人間の女を自分の嫁としようとさらってゆく場面を描く。

Culture

動物と「異類婚姻譚《いるいこんいんたん》」

動物にまつわる話で、やや怪奇じみているのが「異類婚姻譚」である。代表的なのが「鶴の恩返し」で、人と動物が婚姻、交際するという内容だ。他にも「浦島太郎」や「雪女」など、異界人との物語も同じジャンルとされる。

そのほとんどは、悲劇的な結末になっていて、現世から異界への深入りに対する警告と思われる。

魔物を避ける特別な儀式

職

【shoku】

海女《あま》やマタギの人々は、
魔除けや呪文を駆使して生活していた。

神職、僧侶にも匹敵するような宗教的な伝統やしきたりを持つ職能集団が、わが国にはいくつもある。特に

生死に関わる職には、呪文やお守りで魔を祓うしきたりがある

マタギは呪術師？

KEYWORD

マタギたちは捕った熊を解体する際、山神《やまがみ》からの授かり物として「ケボカイ」という儀式を行い、呪文を唱える。他にも雪崩を避ける呪文や、病を治す呪文などもあり、猟師の傍ら、呪術師としての技もたくさん持っていた。

人間の基本的な生活に深く関わり、古くからある職業に見られる特徴だ。多くの人が農耕にたずさわるようになって以来、山や海で狩りや漁をする人々は、少数で専門的な職能集団に変化した。その一例が、マタギと海女であろう。

歴史的には海女が古い。記紀神話によれば、天照大御神を伊勢神宮に祀った倭姫命《やまとひめのみこと》が、三重県・鳥羽の海女から受け取ったアワビを神饌《しんせん》として神宮に献上したのがはじまりとなり、現在でもその風習は続く。

素潜り漁は、容易に命を落とす危険がある。そのため海女たちはいくつも神社を祀り、海に住む魔物を除けるためのしきたりやまじないを伝承している。中でも有名なのが「セーマン・ドーマン」と呼ばれる、五芒星と格子模様の護符である（P79参照）。

秘伝の書を持ち、独特な言葉を駆使するマタギたち

マタギは伝統的な方法で、熊や鹿の狩猟を行う職能集団である。かつては厳しく女人禁制であった。その発祥については諸説があるが、一説には平安時代に、東北地方から、北関東や北海道に広がったと言われている。

彼らは、『山立根本《やまだてこんぽんの》巻《まき》』、『山達由来記《やまたちゆらいき》』という秘伝の書を持ち、この巻物には自らのマタギのルーツが記され、マタギの免許書として所持することで山を自由に行き来できた。他に、お守りとしての役割を持ち、持っていることが重要なことだと考えられた。また、神聖な山で狩猟を行う時などは独特の「マタギ言葉」（Ｐ71参照）で会話をする。これらは、危険な動物と対峙し、殺生の禁忌を犯す特別な能力者であることを示すものだ。

かつて、大工は「おおいたくみ」と呼ばれ、建築の統括者や指導者を意味した。中世以降、指導者は「棟梁」と呼ばれるようになり、今日まで続いている。

彼らは一人前の証として、自らの大工の起源や儀礼が書かれた巻物を所持していたという。現代も行われている工事を始める際に行う地鎮祭も儀式のひとつで、こうした儀式を取りまとめることも棟梁である大工の大切な仕事のひとつだった。

海女の女性たちを描く。鳥居清広「あわびとり」より。

Culture

海女が恐れる亡霊「トモカヅキ」

三重県鳥羽根・志摩地方の海女は、海中に現れ海女の命を奪う「トモカヅキ」という亡霊を恐れた。海女と同じ姿をしているとされ、アワビなどをくれるのでついていくと、暗い場所に連れ込まれてしまうという。そのため、海女たちは海中で出会った人影が本物の人間か亡霊か見極めるため「セーマン・ドーマン」の護符を身に付けた。この護符を磯ノミというアワビを岩から剥がすときに使う道具に刻んだり、頭にかぶる頭巾のようなものに刺繍するなどしたという。

地方によって、護符の形は様々だ。海女にとって護符は必要不可欠なものだったのである。

彩が持つ聖なる力

【iro】色

朱や白、黒などの色は、古代より
それぞれ神聖な力を持っていた。

1度死んで、新たに生まれ変わる——日本の花嫁が白無垢を身につける理由

洋の東西を問わず、人々は色に多様な意味合いを持たせてきた。しかし異なる文化や宗教の下ではそのイメージにも違いがあり、同じ色でも正反対の意味を持つ場合がある。

色の中でも基本といえる白を神聖を捉える点では、西洋も日本も大きな違いはない。ところが同じ純白の花嫁衣装でも、西洋と日本では意味合いが異なる。キリスト教とともに世界に広まったウエディングドレスの場合、白は処女性を表している。ところが日本の花嫁の白無垢が象徴するのは死である。武士が切腹するときの死に装束と同様に、白い着物は死出の旅立ちの際に身につけるものなのだ。

つまり白い着物を身につけて婚姻の時を迎えることで、花嫁は生家の娘

日本神話に登場する色

KEYWORD

『古事記』や『日本書紀』などの日本神話に登場する色は赤・白・青・黒の4色のみ。同じく日本神話に出てくる「黄泉」の黄は黄色という意味ではなく、漢語から引用されたもので、黄色は赤という概念に含まれていたという。

としてはいったん死ぬ。と同時に、嫁ぎ先の女として新たに生まれ変わるということを意味した。日本人は結婚を死と再生のイベントと位置づけたのだ。

◈ ◈ ◈

太陽の赤は魔を祓う

日本では赤も、白と同様に神聖な色とされる。生命活動を司る、太陽の色だからだ。古来、太陽を象徴する赤には災厄を除ける力があるとされてきた。

古墳時代の人々は、顔を赤く塗りたくる紅化粧をしたと考えられている。魔を祓うためだ。男性型の埴輪にも赤く塗られていたものが見受けられることから、紅化粧は女性に限ったものではなかったようだ。

古墳からの出土品を見ると、土器や首飾りなどの身の回りの品にも赤い塗料がついていることが多い。魔除けの色として赤は生活に密着していたのだ。

同じような色でも異なる名前を持つ場合もある。たとえば紅と朱はともに赤を表す言葉。紅は口紅などに用いられるように身近な赤い色だ。口

黒色の魔を防ぐ霊力

UNDERWORLD

かつて大和国に疫病が蔓延し、危機的な状況だったとき、東西の境界に赤色と黒色の盾矛を祀ったという逸話が古事記に記載されている。黒色にも魔を抑える呪性が持っていたことがわかる。

色は五行説と関係している

陰陽五行説の万物を構成する5つの要素「木・火・土・金・水」にはそれぞれ色がある。

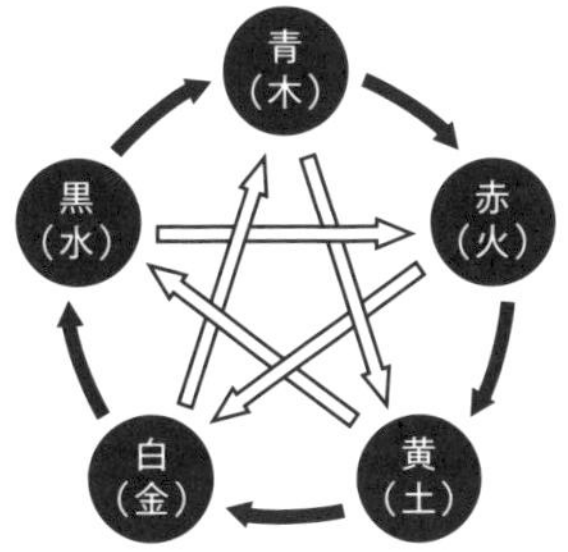

五行説には、五行で関係のバランスを表す。
相生…物事を促進したり、生み出す関係
相剋…物事を抑制し、制約する関係

紅の原料となる紅花は、衣服を染める際にも使われる。一方、朱色は宗教的な意味合いを持つことが多い。神社の鳥居の色も朱色だ。

日本料理で用いる膳には朱塗りと黒塗りがある。陰陽五行説では朱は陽、黒は陰となり、朱塗りの御膳は「朱《しゅ》膳《ぜん》朱《しゅ》椀《わん》」といい、身分の高い者に供されるのが通例だった。一方、黒塗りは家庭で用いられ、懐石料理などの御膳によく用いられている。また、おせち料理の重箱も、御膳料理として朱色と黒色で塗られている。

また、一般的に黒色は男性、朱色は女性というイメージがあるが、陰陽五行説では男性が朱色、女性が黒色とされている。普段の和食料理で目にする朱と黒塗りの器は、陰陽五行説と深く関わっているのである。

Culture

陰陽五行説と5つの色

中国の古代思想である陰陽五行説の五色は「青・赤・黄・白・黒（紫）」であり、それぞれ順に五行の「木・火・土・金・水」を指す。この五色は森羅万象を表し、すべてが揃うと最強の魔除けとして機能すると言われている。これらは短冊や吹き流し、五色幕、五色素麺など様々なものに用いられている。

神を呼び寄せる鈴の力

音

【oto】

凛とした鈴の清らかな音は、
神秘的な力も持つものとして用いられた。

鈴が奏でる澄んだ音が神を呼び寄せ、魔を退ける

かつて鈴の音は「玉音《たまね》」と呼ばれ、玉は霊魂を指していた。清らかで澄んだ鈴の音を聴いた昔の人々は、その音が神を呼び寄せると考えたのである。巫女が神楽で神霊を招くときに振るう鈴を「舞鈴」という。一本の棒に3段の鈴玉が連なり、下から7・5・3個の鈴がついているため「七五三鈴」とも呼ばれる。私たちが普段神社に参拝した時、鈴を鳴らすのは、この鈴が起源だとされる。呪術的行為の名残りでもあるのだ。

　また、清らかで凛とした音は、場の穢れを祓い、悪霊も祓う力もあるとされた。魔除けの護身具として鈴を身につけるようになったのもそのためである。これは今でも七五三などで、子どもが履く下駄に鈴をつける習

笹の葉がもつ神秘的な音

UNDERWORLD

笹は信仰用具のひとつとして古代より儀式に用いられた。笹の葉を激しく振るとサラサラと音が鳴る。古来の人々はこの音に霊的な力を感じ、神を迎えるため空気を浄化する力があると考えたのである。巫女が神を呼び寄せる神懸かりのためには必要なアイテムだった。

慣として残っている。

◈ ◈ ◈

仏教でも仏を喜ばすために鈴をよく用いた。密教の法具として使われる鈴は金剛鈴《こんごうれい》と称され、様々な種類がある。金剛鈴には歓喜・説法・驚覚の3つの意義があると考えられ、鈴を鳴らし仏を供養した。これを振鈴という。鈴を鳴らすことで仏に対しお参りの合図となり（歓喜）、音そのものが仏の説法であり（説法）、私たちの心を戒め仏心を呼び起こす（驚覚）のである。また、神社の鈴と同じように、悪霊を祓う意味も持ち合わせている。

　また、密教では鈴の他に、親指で人差し指や薬指をパチンと弾く音にも、魔除けとして意味をもたせている。爪には魔力が宿るとされ、縁起が悪いとき行われた。もともと指を弾く魔除けの所作は密教の弾指《たんじ》に由来しているという。

Culture

竹の破裂音は神の意志を表す

　竹は生命力の象徴として古くから神聖視され、さまざまな儀式や行事で使用されている。竹が持つ秘めた能力のひとつとして、燃えた時に鳴る音がある。これは、その攻撃性から魔除けの霊力があると考えられていたのだ。「破竹の勢い」という言葉の「破竹」は、祭具や武器として用いられたこれを指すのである。

神の領域に近づく手段

香り

【kaori】

感覚をトリップさせる力がある香りは宗教的な儀式に欠かせないものだった。

心と空間を浄化し、神に近づくための香りの力

推古天皇3年（595年）、沈水《じんすい》が淡路島に漂着したという記述が『日本書紀』に見られる。沈水はジンチョウゲ科の香木。島民が流木と一緒に燃やしたところ、沈香《じんこう》と呼ばれる高い香りを発したことから朝廷に献上され、日本の香料の起源となった。

　仏教において、香は宗教的な儀式に不可欠なものであり、その匂いを嗅ぐことで、身を清め、心を浄化し、仏の世界に近づく手段として用いられている。真言密教では、悪霊や祟りから身を守るため、加持祈祷の際に様々な香が焚かれる。球状の丸香や粉末の散香があり、護摩木とともに焚かれる。他にも、穢れを清めるために使う香水《こうずい》や、祭壇や体に塗る塗香がある。

　香は人を陶酔させる呪

魔除けとして香を用いた平安貴族たち

History

平安時代の貴族たちは、香を魔除けのおまじないとしても使用していた。邪気を祓うため、衣服に香の煙を当て匂いを付けたり、生まれた赤子に香を飲ませたり、香水を振りまいたりしたという。

術的な作用があり、神秘的なものとして古くから儀式などで使用されていた。

◆◆◆

香りは折々の節句とも密接に結びついている。節分というと豆まきのイメージが強いが、柊《ひいらぎ》の小枝と焼いた鰯《いわし》の頭を門に飾る風習もある。鰯を焼いた悪臭で邪気を祓うというものだ。

　五月五日の端午の節句には、菖蒲《しょうぶ》の節句の異名がある。その日に菖蒲などの薬草を用いて厄除けをする中国の風習が伝わり、日本でも菖蒲の葉の香りで邪気を祓うようになった。

　菊の節句とも呼ばれる九月九日の重陽《ちょうよう》の節句も、香りとは切っても切り離せない。菊の香りを移した綿で顔や体をふいたりして、その芳香で邪気を退けた。

Culture

お線香と焼香の香り

　仏壇や墓地で焚かれる線香。その匂いには神仏の霊力が宿るが、白く漂う煙にも神霊を運ぶ力があると考えられていた。また、葬式の場で行われる焼香は、生きている私たちの死の穢れを祓う意味があるとされる。いずれも残された人々が死者の魂をあの世へ送る道具として機能している。

Column 2

水害が起こる場所に妖怪は出没しやすい

あの場所には近づいてはいけない…注意喚起のために使われた妖怪たち

昔から水辺には、異界の住人である妖怪にまつわる話が多い。その代表的な妖怪が河童である。河童の伝説は日本全国に残されており、その呼び名はじつにさまざま。関東地方や東北地方、甲信越では「カワッパ」「カッパ」、北陸地方では「ガメ」、近畿地方では「ガタロウ」などと微妙に呼び名が異なっている。

　ちなみに、緑色の体で頭頂部に皿があるのは江戸中期に作られたイメージで、河童の起源は中国の水神とされている。川の氾濫による水害や日照りによる水不足は、水神である河童が怒ったせいだと考えられていたのだ。

　水神である河童が、なぜ妖怪になってしまったのか。それは水辺で遊ぶ子どもたちに、恐怖心を植え付けようとするためだったという説がある。

　「あの川には河童が出るぞ」と大人が言えば、子どもは怖がって近寄らず、水難事故が防げるというわけである。さらに、河童には「尻子玉を抜く」という話もついて回る。尻子玉とは人間の肛門内にあるとされた臓器で、河童に襲われる際に抜かれてしまうのだという。この伝承の起源は、水死体の筋肉が緩むことで尻の穴が大きく見えることであったという。河童にしてみればとんだ濡れ衣である。

また、河童が出没すると言われる場所は、比較的小規模の水害が発生するといわれている。大規模な水害が発生する場所だと、登場する妖怪は河童ではなく大蛇《だいじゃ》になるのだ。『古事記』に登場する八岐大蛇《やまたのおろち》は、島根県と鳥取県に流れる斐伊川《ひいかわ》が伝承の発祥地とされている。この川は古くから土砂災害や洪水が起きていて、まるで大蛇が暴れているように見えたのが伝承の始まりだと考えられている。

水害が起こる場所に妖怪伝説があるのは、人々に注意喚起を促す意味で理にかなっている。「非科学的な話で信じられない」などとないがしろにしてしまうと、命を落とすことになるかもしれない。

江戸時代中期の浮世絵師・鳥山石燕が描いた河童。

MEMO

河童の起源である中国の水神の名前は「河伯《かはく》」である。その河伯がスッポンの家来を連れていたことから、日本では尖った口先や亀の甲羅を背負った姿が定着したという。

第3章 行事と異界

行事や祭りは、神を敬い、死霊を恐れ、穢れや悪縁を祓うために行われるものが多い。人々が行事を通し「異界」とどう向き合ってきたか、本章で説明していく。

正月
節分
端午の節句
雛まつり
お彼岸
夏越しの祓
七夕
お盆
祭り
重陽の節句
十五夜
年越し

ご先祖様の霊をもてなす

正月

【shougatsu】

新年を祝う行事として賑わうお正月。
もともとは先祖の霊を呼び寄せて歳神様をもてなす行事だった。

門松は神を迎える目印 異界と現世を隔てる境界の役割

正月行事は、原始的な日本の信仰を色濃く残している。その最大の目的は、祖先霊でもある「歳神様」を迎えることであった。

異界から来る歳神様を現世の自宅に迎えるための門が「門松」である。最近は一般の家ではあまり見かけなくなったが、かつては年末に山に行き、松の木を伐《か》って持ち帰り飾っていた。

門松の起源は、平安時代の宮廷儀式の「小松引《こまつび》き」とされている。新年の最初の日に、小さな松の木を引き抜いて持ち帰るという儀式である。長寿を願って行われたもので、持ち帰った松は玄関に飾られた。

門松といえば3本の竹が目立つが、実は松が本体である。松は1年を通して変わらず緑の色彩を保つことから長寿の象徴とも考えられ、「祀る」と「松」を重ね合わせお

歳神様を見送る「どんど焼き」

Tradition

1月15日の小正月に行われる「どんど焼き」は、門松などのお正月飾りや書初めなどを持ち寄って神社で燃やす行事。火は穢れを浄化し、竹が爆ぜる音は災厄を退ける音とされ、ご先祖様である年神様を見送る意味があった。

めでたい樹とされた。神様が宿り憑く「依代」として用いられたのである。また、長寿を象徴する植物として知られる竹は、室町時代になって加わり、現代にまで続いている。玄関に飾られている門松には、ご先祖様を呼び寄せ、同時に異界と現世を隔てる結界の役割もある。

◈ ◈ ◈

祭具である銅鏡と蛇の姿を表わした鏡餅

正月の飾りつけの定番と言えば、もうひとつ、「鏡餅」が挙げられるだろう。その由来には強い霊力に対する人々の信仰が込められている。

鏡は、神事における重要な祭具のひとつである。それは日本の各地から銅鏡が発見されていることからもうかがい知れる。また、餅には人間の生命力を強化する霊力があると考えられていた。そんな2つの特性を持つ鏡餅は、前年に収穫された新鮮な米で作られ、丸く扁平に整えられて供え

お年玉の由来は「餅」だった

UNDERWORLD

現代ではお年玉といえば現金だが、もともとは餅が配られていた。歳神様の魂が宿る鏡餅を家長が子どもたちに与えたのが始まりで、「御歳魂《おとしだま》」が語源とされている。

られる。このお供えが持つ霊力は、銅鏡のそれと同じと考えられていたのである。

　一般的な鏡餅は大きさの違う餅を重ね、その上に橙《だいだい》の実を乗せる。横から見ると紡錘型で、これは蛇がとぐろを巻いた姿だという説がある。

　日本でははるか昔から蛇への信仰がさかんだった。古代の人々は脱皮を繰り返し成長していく蛇を「死と再生」の象徴と捉え、畏敬の念を抱いていたのだ。

　ヘビは古代語で「カカ」であり、鏡の語源である「カカメ」は「カカの目」、すなわち「蛇の目」が由来となっている。このように鏡には古代日本人の蛇神信仰と深い関わりがあり、鏡餅として現代に受け継がれている。

正月は歳神様を迎える儀式

正月に寺社へ参拝するようになったのは、明治時代に入ってからのこと。それ以前は、各家庭で歳神様を迎えるのが一般的な風習だった。

門松
歳神様が下界に降りてくるときの目印。邪気を入れないための結界の役割も果たしている。

鏡餅
鏡のかたちに似ている餅。鏡は神様が宿るとされることから、飾られるようになった。

しめ飾り
歳神様をお迎えするための神聖な場所をあらわす印として、家の出入り口である玄関に飾る。

Culture

神様と新年を祝う　おせち料理

奈良時代から平安時代にかけて、神様に収穫を感謝する「節会《せちえ》」の宮中行事にお祝い料理として「御節供《おせちく》」が振る舞われたのが、おせちの起源とされている。江戸時代になると、大衆にも民間行事として広まり、正月料理として位置づけられていった。長寿を願うエビや子孫繁栄を願う数の子など縁起の良い食材が使われ、一つひとつの料理に意味が込められている。

病魔を追い出す魔滅の儀式

節分

【setsubun】

「鬼は外」「福は内」のかけ声で鬼を追い出す節分行事。
どうして「鬼」なのか、その起源を探っていく。

病気をもたらす病魔の姿は誰も見たことのない「鬼」だった

節分の行事は古くから行われていて、中国の鬼を打ち払う「追儺《ついな》」という儀式がルーツとされ、奈良時代日本に伝来し、「大儺《おおやら》い」という宮中行事となった。諸国に流行した疫病を祓うために、宮中の下級役人が鬼に扮し、それを貴族たちが追いかけるもので、時代が下って、「追儺会《ついなえ》」という仏教行事に転じた。

当時の追儺の行事は、12月の大晦日に行われ、宮中の役人（大舎人《おおとねり》）の大男が黒衣に朱色の裳《も》を付け、四つ目の仮面をつけて矛と楯を手に現れて始まる。方相氏《ほうそうし》と呼ばれたこの存在は鬼ではなく神様に見立てられ、桃の弓と葦矢《あしや》をもった群臣と一緒に鬼面をつけた鬼を追い払った。「儺遣《なや》らう」と大声をあげ、東西南北の四門に追い出すよ

鬼とは何か

History

鬼の語源は見えないものを意味する「おぬ（陰）」が訛ったもの。昔の人々は災難や疫病の原因を目に見えない鬼の所業として考えた。やがて時代を経るとともに鬼はビジュアル化され、頭に角、虎のパンツを履いた姿が定着していく。これは陰陽道の鬼門である「丑寅」の方角から鬼が来るという思想が由来となっている。

うに練り歩いたという。

　やがて時代が下ると、方相氏自身が鬼としての役割を持つようになる。江戸時代の後期には一般家庭にも豆まきの風習が広がり、現代の形に近い行事となった。


の力への信仰によるものである。

　また、まいた豆が新しい年に芽を出すことは不吉とされ、必ず炒って使うことになっている。地方によっては、真っ黒になるまで炒ることもある

きに発生する煙と臭いで鬼を撃退するという意味があった。

魔滅の豆で病魔を追い払う

「豆」は「魔を滅する」あるいは「魔の目」といった言葉に通じ、鬼を追い払う力を持つと考えられた。これは豆をまくときに「鬼は外、福は内」と叫ぶのと同じで、言葉の中に宿る「言霊」


ようだ。

　豆をまいたあとは、家の戸をすべて閉じ、玄関には、柊《ひいらぎ》の枝が目に刺さったイワシを飾っておく。この風習を柊鰯《ひいらぎいわし》といい、葉のトゲで鬼の目を刺し、イワシを焼くと

豆を入れる神聖なる枡《ます》

History

米や酒などを計る枡は、神の役割を代行するものとして神聖視されていた。枡は単なる容器ではなく、鬼を祓う大切な豆に霊力を宿らせる役割を持っている。

『節分の鬼』（葛飾北斎（『北斎漫画』四巻より）

Culture

豆まきのルーツは「方違《かたたが》え」

平安時代には、節分の日にもうひとつの行事があった。「方違え」というもので、自分の干支によって恵方にそれぞれが宿を変え災厄を祓った。室町時代には、宿を変えることはなくなり、恵方の部屋に移るようになる。そのとき、部屋の中の厄を祓うために行われたのが豆まきだった。この豆まきが節分行事の豆まきのルーツとされ、追儺の行事と結びつき現在の形として受け継がれている。

菖蒲の呪力で穢れを祓う

端午の節句

【tangonosekku】

「子どもの日」のルーツは
薬草の呪力によって毒気を祓う儀式だった。

かつて端午の節句がある旧暦の5月は「毒月」とも呼ばれ、雨が続くジメジメとした気候から、病気にかかるのを人々は恐れた。

清少納言と菖蒲の香り

History

『枕草子』の作者、清少納言は菖蒲の香りが好きだったという。「若い人々は邪気除けのために菖蒲で飾った刺し櫛を髪にさしたり……菖蒲のとても長い根が手紙の中に入っているのを見るのも味わい深い」(『くすりの歳時記』)と記した。菖蒲が邪気除けとして暮らしの中で使われていたことがうかがえる。

菖蒲の爽やかで独特な香りは厄除けや魔除けとして使われた

そこで、薬効や魔除けの力があると考えられた菖蒲やヨモギを用いて厄払いをした。これが本来の端午の節句の行事である。もともとは邪気払いの意味があったのだ。菖蒲やヨモギは爽やかで独特の香りがある。その強い香りに呪力があると信じられたのは、現代人の感覚でもわからなくもないだろう。

ともあれ、現在でこそ男子の行事として知られる端午の節句だが、もともとは女性が主役の行事だった。この時期は田植えの直前で、作業をする「早乙女《さおとめ》」と呼ばれる女性は、田の神を迎える神聖な存在とされた。そのため女性は家事を離れ、菖蒲湯で身を清めるなど忌籠《いみごも》りをしたのである。

中世以降、特に武家が中心の社会になると、「菖蒲」は「勝負」あるいは「尚武」といった言葉に転化した。江戸時代には男児の武運や出世を祈る行事となり、男子の日として現代のような行事が広まっていったのである。鯉のぼりはこの時代に生まれ、鯉が滝を昇り竜になるという伝承から力強い魚の象徴とされ、男子の健やかな成長を願うために飾られるようになった。

◈ ◈ ◈

「端午の軒飾り」の結界で邪気や穢れを寄せ付けない

早乙女が籠る小屋には、邪気を祓うため屋根に菖蒲の葉とヨモギが飾りつけられた。「端午の軒飾り」である。青々とした菖蒲の葉はスラリと長く、屋根の軒先に葺き並んでいる様はまるで結界を連想させる。

また、菖蒲などの薬草を袋に入れ丸く形作り、花や5色の糸飾りをつけた薬玉の贈答も端午の節句に行われた風習だった。薬玉は字の通りに呪力を持つ薬草と深く関係があり、菖蒲やヨモギ、香薬として沈香などの強い匂いを持つものが用いられた。邪気を祓い、寿命を延ばす働きがあると考えられていた薬玉を、平安時代の人々は贈り合って健康と厄除けを祈願したのだ。もらった薬玉は衣服の袖や腕にかけおまじないとして身に付けたという。薬玉のおまじないはやがて庶民に広がっていき、江戸時代になると形を変え、薬玉の糸は七夕の五色の吹き流しのルーツにもなったという。

現代の祝い事や開通式などでよく見られるくす玉割りはこの菖蒲の薬玉が原型だとされている。

◇ ◇ ◇

菖蒲を使ったこうした風習は、もともとは中国が起源で、病気や邪気から身を守るために飾ったり、菖蒲酒を飲む行事が由来とされる。奈良・平安時代に日本に伝わり宮中行事となるが、江戸時代になると武家社会の間で菖蒲の葉を刀の形に見立てて飾るようになり、菖蒲と「尚武（武を重んじる）」、「勝負」をかけ、男児の厄除けと出征を願う風習へと変化していった。

邪気を払う効力があるとされる植物

体調を崩す者が多かった端午（5月～6月）の時期。昔の人たちは、その原因を邪気と考え、邪気を払う効力があると考えたさまざまな植物にすがった。

ヨモギや柏は餅にして食べる端午の節句でおなじみの植物。そのほか、様々な植物を厄除けとして用いた。

Culture

粽《ちまき》にまつわる中国の故事

「端午の節句」といえば粽である。食べられるようになった由来は中国の故事にまでさかのぼる。古代中国に一人の高名な詩人がいたが、陰謀によって国を追われ川へ身を投げ死んでしまった。それを悲しんだ人々は川に粽を投げて弔ったという。この言い伝えから、中国では「忠義のある大人に成長」することを願い子どもたちに粽を食べさせるようになった。この風習が日本に伝わり、都のあった京都から西日本へ広がったのだ。

形代で身を清めるお祓い行事

雛まつり

【hinamatsuri】

女の子の日として雛人形が飾られる「雛まつり」。
雛人形のルーツは人間の身代わりとしての形代だった。

雛人形は、病や穢れを移しとる身代わりの人形だった

5万体の雛人形が供養される淡島神社の「雛流し」

Tradition

和歌山県の淡島神社では伝統的な雛流しの神事が行われている。全国から奉納された人形を海に流し供養を行うのだ。3艘の木船に乗せられた人形達が海に流され、静かで幻想的な景色を見ることができる。

雛まつりは、「女の子の日」として今も「桃の節句」と呼ばれることが多い。新暦では3月3日とされているが、かつては「上巳《じょうし》の節句」といって、旧暦3月の最初の「巳の日」に、朝廷で疫病や災厄を祓う行事として始まったという。

寒さがゆるみ、徐々に春の暖かさを感じられるようになると、人々は外へ出て、川の流れによって穢れを祓おうとした。その際に、紙などで作った「人形《ひとがた》」と呼ばれるもので体をなで、息を吹きかけたりして、「自分の代わり＝形代」として川に浮かべ、穢れを異界へ流し去ったのである。これが雛人形のルーツであり、現在でも同様の「流し雛」の行事は一部の地域で続いている。

江戸時代には、宮中での婚礼の様子を表した現在のような人形飾りが作られ、都市部においても何段もある豪華な人形を飾ることが流行になった。明治以降ともなれば、地方にもその風習が広がった。

雛まつりのお菓子と料理は娘たちの邪気を祓う厄除けの食べ物

災厄や邪気を払う行事としての雛まつり。その特徴は食べ物にも見ることができる。たとえば「菱餅」。赤白緑の三段重ねが定番だが、その色にはそれぞれ意味がある。赤い餅には解毒作用のあるクチナシが混ぜられ、魔除けを意味している。白は雪を表し清浄さを、緑は生命力の豊かさを象徴する大地を連想させ、厄を祓い健康であることを意味している。ちなみに雛あられには黄色が追加されているが、この4色は四季を表している。どちらも1年を通して女の子の成長と健康を願うための食べ物となっている。

ちらし寿司に込められた意味

History

雛まつりで食べられるちらし寿司の食材にはそれぞれ意味が込められている。例えば赤い海老は魔除けの色。レンコンはたくさん穴が空いているため、「見通しがよい」とされ、清らかさの象徴とされている。

一竜斎国盛『雛人形』江戸時代になり、雛段に内裏雛や五人囃、随身や菱餅などが飾られるようになった。（画像提供／国立国会図書館ウェブサイト）

Culture

なぜ雛まつりは「桃の節句」なのか

桃は、中国では子孫繁栄、不老長寿をもたらすとしてその木や果実が珍重されていた。桃の実に似せて作った饅頭は祝い事の席に必ず出され、日本でも中華料理店で提供されることがある。この中国の故事は、日本にも早くから伝わっていて、『古事記』にはイザナギが桃を投げつけて敵対する黄泉の軍勢を退治したという話も残っているほどだ。

「あの世」のゲートが開かれる

お彼岸

【ohigan】

はるか彼方の岸にいる人たちへ
思いを馳せる特別な行事。

昼と夜、東と西が平行になり あの世のゲートが開かれる

1年を24等分した二十四節気のうち春分と秋分の日を中日として、前後3日を合わせた7日間が、それぞれ春のお彼岸、秋のお彼岸とされている。「暑さ寒さも彼岸まで」ということわざがあるように、穏やかな気候の始まりにあたる時期で、現在でもお墓参りに出かける人が多いだろう。

春分と秋分の日は、昼と夜の長さが同じになる。太陽は真東から昇り、真西に沈む。仏教ではこれを東西が平行になるととらえ、西方の極楽浄土（彼岸）への道が、東方にあるこちらの現世（此岸）とまっすぐにつながると考えた。ただし、彼岸会は日本仏教特有の風習なので、実は太陽と祖先への原始的な信仰との関わりも深く、「彼岸＝日願（ひがん）」のことを指しているという説もある。

明治になってからは、皇室でも春と秋に歴代の

先祖供養の伝統行事「数珠繰《じゅずぐ》り」

History

数珠繰りとは、大型の数珠を皆で持ち祈祷する行事で、彼岸の時期に行う地域がある。青森県の下北半島では、春の彼岸に村の外れで念仏を唱え、数珠繰りを行う風習がある。悪霊を退散させる効果があると考えられている。

天皇の霊を祭る「皇霊祭」が行われるようになり、挙行《きょこう》される春分と秋分の日は、それぞれ国の祭日となった。

◈ ◈ ◈

六波羅密の修行で仏に近づくお彼岸のならわし

諸説あるが、「彼岸」は「至彼岸《とうひがん》」という漢語が元で、サンスクリット語の音では「波羅蜜多（パーラミター）」と表記する。「波羅蜜」とは菩薩が仏になる（彼岸に至る）ための修業のことで「六波《ろくは》羅蜜《らみつ》」がよく知られている。お彼岸の中日前後の計6日間にはこの徳目を実践し、先祖供養を信徒に呼びかけるお寺もあるようだ。

六波羅蜜とは、①布施《ふせ》（人に施しを与えること）、②持戒《じかい》（戒律を守ること）、③忍辱《にんにく》（苦しみに耐えること）、④精進《しょうじん》（常に努力すること）、⑤禅定《ぜんじょう》（心を穏やかにし反省すること）、⑥智慧《ちえ》（正しく判断し、真実を見ること）、である。これらを実践、修業するこ

彼岸花は不吉な花?

Culture

彼岸花は死を連想させる花として知られるが、その理由のひとつに彼岸花のもつ有毒性がある。体内に入ると吐き気や神経を麻痺させ、昔の人々はその毒性を利用して害獣対策として墓や田んぼに植えた。寺や墓に群生しているのはそのためである。

悟りを開くための6つの条件

ご先祖を供養する日であるお彼岸は、もともとは仏僧が修行に励む日であった。悟りを開くために、仏教では6つの条件を課している。

1 布施 人に分け与えること
2 持戒 戒律を守ること
3 忍辱 苦難に耐え忍ぶこと
4 精進 努力すること
5 禅定 心を乱さないこと
6 智慧 仏教の教えを守り、悟りを完成させること

上記の6つの修行を仏教では六波羅蜜と呼ぶ。

とが悟りの此岸（悟りの世界）へ至る道だと仏教では説いている。

◈ ◈ ◈

お彼岸のお供え物で定番なのがお米を軽くついた餅を分厚いあんこで包んだ「ぼたもち」と「おはぎ」だ。この時期にお供えするようになった由来は諸説あるが、そのひとつに小豆の赤い色には災いを防ぐ霊力があると考えられていたことがある。

また、おはぎに使用される砂糖はかつては貴重な食材で、ご先祖様たちがお腹をすかせないようもてなす意味があったとされる。

「ぼたもち」と「おはぎ」はどちらも同じもので、春に咲く牡丹、秋に咲く萩が由来となり、呼び名だけが違っている。

Culture

お彼岸とお盆の違いは？

お彼岸とお盆は、ともにお墓参りに行く期間として知られるが、ご先祖様の霊との向き合い方が異なっている。お彼岸は、あの世である彼岸とこの世が通じやすくなる期間であり、こちらから彼岸に近づきご先祖様を供養する。一方でお盆は、ご先祖様の霊が帰ってくる期間であり、様々な儀式を通じて霊を迎え入れる。どちらも霊を祀る行事だが、前者と後者に違いがあることがわかる。

神話の伝承が受け継がれる伝統行事

夏越しの祓

【nagoshinoharae】

古代より続く夏の風物詩である夏越しの祓。
茅の輪くぐりや人形の霊力の謎を知る。

全国各地の神社では、6月と12月の末、年にこの2回だけ

穢れを人形に流し込み、茅の輪の結界であらゆる災厄を浄化する

世界文化遺産の上賀茂《かみがも》神社で行われる「夏越しの大祓式」

Culture

厄除けの神様として知られる京都府の上賀茂神社では、毎年6月に「夏越しの大祓式」が行われ、奉納された人形が「ならの小川」に流される。篝火《かがりび》の火が揺らめく小川に流れる人形の情景は、平安時代の和歌にも詠まれるほど幻想的な光景だ。

「大祓《おおはらえ》」という神事が行われる。このときには一般的な祓式で用いられる「祓詞」よりも長文の「大祓詞」が神官によって奏上され、特に天下万民の罪や穢れを祓うのだ。一般に、6月のものが「夏越しの祓」、12月のものが「年越しの祓」と呼ばれている。

昔は、きれいな水を大量に確保できなかったので、身体、衣類、食材、食器などを清潔に保っておけず、夏にはどうしても疫病の流行を招くことが多かった。繰り返される夏の災厄を除こうと、我々の祖先が必死に祈ったのがこの神事なのである。

参列した人々は、雛まつりの「流し雛」のように、紙で作った「人形」で自分の体をなで、息を吹きかけて罪穢れを人形に移し、それを川や海に流すか、神社で焚き上げをしてもらう。最近は車の形をした紙も用意さ

れ、交通安全を祈願できるところもある。

◈◈◈

スサノオから授かった茅の輪のお守りが蘇民将来の一族を救った

夏越しの祓で重要な神事は「茅の輪くぐり」である。茅や藁《わら》で編んだ直径数メートルの輪が参道に置かれ、参列者はその中を歩いてくぐる。1度目は左へ、2度目は右へ抜け、ちょうど8の字を描くように3度くぐる間、「水無月《みなづき》の夏越の祓する人は千歳の命延ぶと云うなり」という和歌を唱えるのが一般的のようだ。

茅《ち》の輪とは、茅《ちがや》という草で編んだ輪のこと。茅は邪気を祓う神聖な植物として古くから宗教的な儀式に多く用いられた。日本の神話では、茅の輪はお守りとして記され、速須佐雄神（スサノオ）という正体を隠した武塔《むとう》神《かみ》が旅の途中、とある兄弟に出会い宿を乞た逸話がルーツだ。裕福な兄は断ったが、貧しい弟の「蘇《そ》民将来《みんしょうらい》」は粗末ながら丁寧なもてなしをした。武塔神は自分の正体を明かし、もてなしに感謝し蘇民将来に「茅の輪」を授けた。蘇民の一族はこれによって疫病を除けられ、他の一族はすべて滅んでしまったという。

◈◈◈

茅の輪くぐりは、茅の輪を8の字を描きながら左右にくぐる。

茅の輪のくぐり方

茅の輪くぐりは夏を迎える時期、半年間の穢れを清めるために行う儀式。神社によって異なるが、8の字に3度くぐり抜けるのが一般的である。

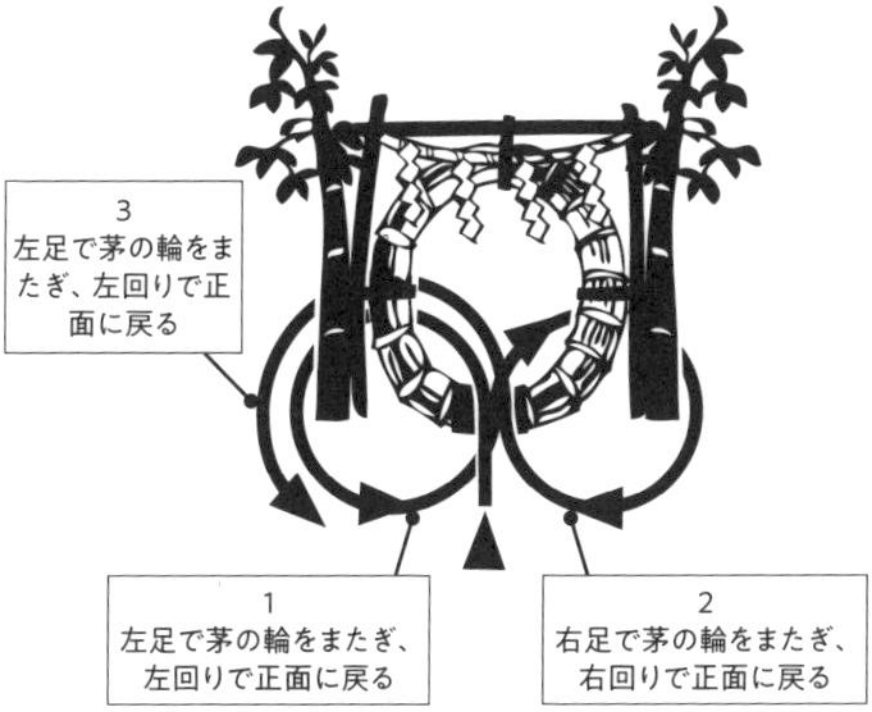
3
左足で茅の輪をまたぎ、左回りで正面に戻る
1
左足で茅の輪をまたぎ、左回りで正面に戻る
2
右足で茅の輪をまたぎ、右回りで正面に戻る

茅の輪をまたぐ前は、正面で一礼するのが作法。

この行為の由来も、日本神話におけるイザナギとイザナミの「国生み・神生み神話」が関係していると考えられている。

『古事記』によると、イザナギとイザナミの二柱の神は、別の神から矛を授かり島を創りあげた。イザナギとイザナミはその島に、天に通じる天《あま》の御《み》柱《はしら》と巨大な殿舎である八《や》尋殿《ひろどの》を建て、イザナギは天の御柱を左回りに、イザナミは右回りにめぐり、神を生み出した。男性のイザナギが主導で神生みを行ったことから茅の輪くぐりは、左回り、右回り、最後に左回りの順番で行われていると考えられている。

こうした神話にまつわるエピソードを起源とした作法や茅の輪の霊力によるお守りなど、夏越しの祓は日本人の生命観に満ち溢れた儀式だということがわかる。

Culture

蘇民将来の護符

茅の輪くぐりの起源として関わりの深い蘇民将来の伝説。この伝説をもとに、厄除けの御利益があるとして蘇民将来の護符が全国各地にある。護符の形状は紙や木でできたお札や、角柱状のこけしなど様々だ。京都の八坂神社で行われる夏越祭では、蘇民将来の伝説に基づき茅の輪の小さなお守り「茅《ち》之《の》輪《わ》守《まもり》」が授与される。長野県の信濃国分寺八《よう》日《か》堂《どう》では、毎年一月に六角柱のこけし型の護符が縁日に並ぶ。

蘇民将来

星に祈り穢れを清める伝統行事

七夕

【tanabata】

織姫と彦星の伝説で知られる七夕は
もともと禊のために行われた行事だった。

着物を織る女性の伝承が由来となる七夕行事

七夕には色とりどりの短冊に願い事を書いて笹の葉につるし、星に祈る。織姫と彦星のロマンチックな伝説もよく知られているが、その起源は日本の神事と中国の伝説が合わさってできたものである。

かつて日本には「棚《たな》機《ばた》」という禊の行事があり、女性が着物を織って棚に飾り、神様を迎えて秋の豊作を祈っていた。

機《は》を織る女性は「棚機津《たなばたつ》女《め》」と呼ばれ、川岸にある機屋という小屋に立て籠もり機を織った。その際に使われた織機を「棚機」という。

やがて日本に仏教が伝わると、この行事はお盆前の厄払いとして7月7日の夜に行われるようになった。現在の「七夕」は、これが由来となっている。

織姫と彦星の伝説は中

魔除けの意味をもつ五色の短冊

UNDERWORLD

色とりどりの5色の短冊は江戸時代から取り入れられたとされる。この五色は古代中国の陰陽五行説に基づいた「青・赤・黄・白・黒（紫）」。それぞれ魔除けの意味を持っている。

七夕は日本の伝承と中国の伝説が合わさって生まれた

国が起源とされる。織姫と彦星は、それぞれ「こと座のベガ」、「わし座のアルタイル」という星になぞらえ、織姫は裁縫の仕事を、彦星は農業の仕事をつかさどる星と考えられていた。この2つの星が旧暦7月7日に天の川をはさんで光輝くことから、めぐりあいの日とされ、七夕のせつない恋物語が生まれたのだ。そして、この織姫星にあやかり、中国では7月7日に機織りの織物や裁縫などの技術向上を願う「乞巧奠《きこうでん》」という行事が生まれた。これが平安時代に日本へ伝わり、棚機女の神事と習合。宮中行事として七夕行事が行われるようになった。宮中では果物やアワビなどを供えて星をながめ、詩歌を楽しみ、神聖な木とされた梶の葉に和歌を書いて願い事をしたのだ。

竹や笹の枝に願いを短冊に書き飾る風習は江戸時代に広まり、七夕行事は五節句のひとつとなっていく。また、庶民にとって七夕は、お盆の7日前に当たり、祖先の霊を迎える準備として、墓地や住居、その周辺を清め始める日であった。牛馬を水で洗うのをこの日に定めていたところも多い。七夕は夏を迎える清めのお祭りなのだ。

月岡芳年『月百姿 銀河月』天の川で1年に1度だけ出会う織姫（織女）と彦星（牽牛）を描く。

Culture

七夕祭りの原型である「眠り流し行事」

七夕の翌日に、使用した笹や竹などの飾りを川や海に流し穢れを祓う「七夕流し」という風習がある。これは「雛流し」と同じように、穢れや災厄を祓う意味があった。

また、七夕の時期に行う「ネンムリナガシ」と呼ばれる伝承が全国的にある。ネンムリとは「ねむり」（睡魔）を指し、ネム（合歓）の木に象徴される睡魔を、ネムの木や葉を川に流しお祓いをする行事である。青森県で七夕に行われるねぶた祭や、秋田の灯籠流しは、ネンムリナガシの行事が原型だと考えられている。

ご先祖様があの世から帰ってくる

お盆

【obon】

里帰りの時期として知られるお盆、
ご先祖様を慰める大切な伝統行事である。

ご先祖様を家に迎えるために生み出された様々な儀式

七夕から始まる「水」の清めが済むと、やって来るのがお盆である。こちらは一転、「火」が行事の中心となる。「盆と正月が一緒に来た」ということわざがあるように、日本人にとって、この2つの行事は重要だ。どちらも先祖の霊を、この世で丁寧にもてなすことが目的である。

旧暦の7月15日を中心に、その前後がお盆ということになるが、新暦においてこの時期は農繁期にあたるので、現在は8月15日前後に行うところが多い。

13日、野火や提灯で迎え火を焚き、霊を家へ案内する。ご先祖様の位牌やお供え物を置く精霊棚には食べ物のほか、キュウリで作った馬、ナスで作った牛を供え、そこへ霊が降りるのだ。これを精霊馬《しょうりょううま》という。

今でもお盆には、実家に帰省し、離れて住む孫が、祖父母などに会う格好の機会だ。かつては一家の最長老を「生見玉《いきみだま》」と呼び、先祖に最も近い存在として敬った。お盆

火はご先祖様の送り迎えのための目印

Culture

お盆の伝統的な行事として「迎え火」と「送り火」がある。ご先祖様の霊が迷わず家に戻って来られるように火を焚くのが迎え火だ。燃やした煙に乗って霊が帰ってくるといわれている。逆に、送り火はこの世からあの世を無事に送り帰すための目印。京都の大文字焼きも送り火のひとつだ。

幕末期のお盆の様子。『日本の礼儀と習慣のスケッチ』より（1864 年）

は霊のためだけの行事とも言い切れない。

◈ ◈ ◈

地獄から免れた亡者の喜びを表したと言われる「盆踊り」。今では日をずらして各地で行われるが、元は16日の晩に行われるものだった。また、この日は「大文字焼き」で有名な「京都五山の送り火」も行われる。送り火は霊をあの世へ帰すための火だ。

花火や盆踊りは亡きご先祖様を慰める鎮魂の儀式だった

お盆の前後は、全国各地で花火大会も多く開かれる時期である。なぜ花火は夏の風物詩となったのだろう。これには諸説あるが、庶民が花火を楽しむようになったのは江戸時代である。このとき疫病退散や慰霊の願いを込めて打ち上げられたと考えられている。

死者と踊るための盆踊り

History

盆踊りはもともと踊ることでご先祖様の霊をもてなし、あの世へ送り出す神聖な行事だった。時代が進むと宗教的意義は薄れ、民衆娯楽として広がった。

先祖供養するお盆の儀式

お盆は、先祖が異界からこの世に里帰りをする期間。地方や宗派によって異なるものの、先祖の霊を供養するための儀礼が存在する。

迎え火・送り火
先祖の霊をこの世に迎えるため、もしくは異界に送るために火を焚く儀式。

精霊馬
先祖の霊が乗る乗り物に見立てたキュウリやナスで作った人形。

灯籠流し
先祖の霊を弔って海や川に灯籠を流す。送り火の一種。

そもそも「盆」という言葉は「盂蘭《うら》盆会《ぼんえ》」という仏事に由来する。

この行事の起源となったのは『盂蘭盆経《うらぼんきょう》』という仏教経典に書かれる話がもとになっている——

釈迦十大弟子の目連《もくれん》が、その神通力によって、母が死後に地獄のひとつである餓鬼道に落ちていることを知った。釈迦に母を救う方法を聞くと、周囲の僧に食べ物を施せば、一部が母の元にも届くという。目連はそれに従い、母を救うことができた。これに基づき日本では1年に1度、先祖供養の行事が行われるようになったのである。

「盂蘭盆経」に書かれた、この目連の布施の姿は「施餓鬼《せがき》」とも呼ばれ、盂蘭盆会と合わせて施餓鬼会も盆行事として行われている。

Culture

西馬音内《にしもない》の盆踊り

3大盆踊りのひとつと称される秋田県羽後町の西馬音内盆踊りは、「亡者踊り」とも呼ばれている。編み笠を深くかぶり、黒い頭巾で顔を隠し、亡くなった人を模して踊るのだ。幻想的な雰囲気を感じられる歴史ある盆踊りだ。

長崎の精霊流し

長崎県内の各地で行われる「精霊流し」は、遺族が故人の霊を弔うために手作りの精霊船を曳きながら街を歩く伝統行事。爆竹の破裂音が鳴り響き、この音には邪気を祓う「魔除け」の力があると考えられている。提灯の明かりで灯された精霊船の行列は、夜遅くまで続く。

神様に祈り交信するための儀式

お祭り

【omatsuri】

日本にはたくさんのお祭りがある。
神様に感謝する儀式がお祭りと変化していった。

「まつり」という言葉にはいくつかの漢字があてられる。たとえば「祀り」は神に祈

神に祈り、感謝し、下界と交流するためのお祭りだった

「ハレ」のお祭りという概念

Culture

祭りを理解するうえで重要なのが「ハレ」と「ケ」の概念。民俗学ではハレは非日常を、ケは日常を表す。祭りはハレであり、日常を隔てた非日常の空間である。

ること、交信することや、その儀式を指す。「政」は、まつりごととも読むように、古くは政治も「まつり」の要素のひとつであった。いわゆる行事としての「まつり」には「祭」という字が用いられることが多い。これは「肉・手・示」という3つの字が合成された文字で、お供え（肉）を手でささげる（示）という意だ。つまり「祭」とは、異界の神や霊をもてなす儀式なのである。

日本には春夏秋冬、四季それぞれの祭りがある。それらは豊作の祈願や収穫の感謝だったり、農耕サイクルに応じて意味を異にする。それでも全体に通じるのは、災害や疫病といった、この世の工夫では避けがたいことを、異界の力によってなくしてほしいという人々の祈りであろう。そのために、我々は今も、神や霊をもてなし、願うのである。

神である神輿や山鉾を揺らすことで神をもてなす

多くのお祭りで、人々は神の乗り物である神輿を担ぎ、揺らしながら地域内を回る。揺れが激しいほど、神は喜ぶのだという。巡行中、神輿にはその土地や人々の災厄、穢れが集められると考えられ、巡行後は神社でのお祓いや、海や川で洗うことによって神輿を清める。階段から落として壊すという風習もあるそうだ。

車輪で動く山車《だし》も数多くのお祭りで見られる。山や巨岩は「依代」であり、神が降臨するという原始信仰が元になっていて、山車にももちろん、神が乗っている。大きなものには舞台が設けられ、笛や太鼓、鐘のにぎやかな演奏がある。これは神輿でいうところの揺れにあたるものだろう。神を「はやす」ことで喜ばせるのだ。

歴史ある京都の祇園祭では、この依代を「山鉾」と呼ぶ。踊りや囃子を演じながら歩く行列でにぎわい、傘鉾は、人を雨から守るように、行列に災厄が集まらないよう、結界を張ったのだと考えられている。

裸で神と交流する「裸祭り」

History

日本の祭りの中に、「裸祭り」というものがある。褌のみの裸体に近い格好で参加する祭りで、これは生まれたままの清らかな姿で神さまと交流を行うためという意味がある。

『洛中洛外図屏風』(狩野永徳画、16世紀)祇園祭で賑わう町並みと山鉾が巡行する様子を描く。

Culture

お祭りのルーツは「岩戸隠れ」

神社や寺院を舞台に儀礼としての祭りが始まったのは、日本神話の「岩戸隠れ」にあると考えられている。天の岩戸に隠れてしまった太陽の神アマテラスオオミカミを何とか出てきてもらおうと、八百万の神々が岩戸の前で踊り歌い宴を繰り広げる。気になったアマテラスは岩戸から出てきて、世界は光を取り戻すというエピソードだ。

菊の霊力で邪気を祓う

重陽の節句

【chouyounosekku】

9月9日に菊酒を飲み、長寿を祝う節句。
菊には特別な力が持つと考えられていた。

旧暦の9月に重陽の節句が行われる。これは平安時代に中国から伝わった儀礼で、江戸時代になると幕府は五節供の最後のひとつとして定めた。

本来、重陽とは、陰陽五行説で「陽」の数字である奇数が重なることで、3月3日も、5月5日もそれにあたるが、9は陽の極数（最大数）であることから、9月9日

加賀の地酒「賀州の菊酒」

KEYWORD

「まぼろしの銘酒」ともいわれる石川県・加賀の菊酒は、菊慈童《きくじどう》が菊の露を飲み不老不死になったという「菊慈童」の故事になぞらえて作られた地酒である。野生菊が群生する手取川の水は菊水と呼ばれ、それを用いたお酒として重宝されていった。

邪気を祓い 不老不死の薬効をもつ 菊の神秘的な力

だけが、特にこう呼ばれるようになった。ちなみに、陰陽五行説では、陽数が重なると気のバランスが崩れるため不吉だとされていたが、江戸時代に逆に祝日と見なされるようになったという。

　別名は「菊の節句」で、「菊酒」は、重陽の節句に欠かせないものだ。これは中国の伝説に由来するもので、「茱萸《シュユ》」という果物を持って山に登り、菊の花びらを浮かべた酒を飲むと災厄を払うことができるという言い伝えによる。また、菊は長寿になる薬効を持つ植物として古くから信じられており、その香りは邪気を払う薬として重宝されていた。こうした伝説や慣習が日本の平安貴族に伝わり、行事として定着していったのだ。

Culture

重陽の朝に行われた菊の綿の儀式

　平安時代、重陽の節句に行われた儀式として、「菊の綿」を使ったものがある。まず重陽の節句の前日に、菊の上に綿をかぶせ、綿に菊の露や香りをつける。翌日の朝、その綿で顔や体をふき、不老長寿を祈ったのである。『源氏物語』には、光源氏が菊の花の上に綿がかぶさっている光景を見て、紫の上の死を悼むシーンが描かれている。

満月に祈りと感謝を捧げる

十五夜

【jyuugoya】

旧暦8月15日は大きな満月が夜空に浮かぶ。
人々は美しい月を見て神秘な力を感じ取った。

旧暦8月15日の「十五夜」は、中秋（仲秋）の名月とも呼ばれ、黄色く輝く大きな月が夜空に浮かぶ。これは1年で最も美しい月とされ、昔から人々に愛でられてきた。

また、この時期に収穫されるサトイモを供えることから、十五夜は別名「芋名月」とも呼ばれる。ススキは稲穂の代用である。

この風習は中国の満月を愛でるお祝い『中秋節』が由来とされ、中国では月餅という菓子を食べながら名月を観賞する風習があった。平安期の

月が昇るのを待つ「月待ち」

Culture

月と関わりの深い民俗信仰として「月待ち」がある。三日月待ち、十五夜待ちなど、特定の月が昇るの待ちながら飲食をしたり、供え物をする儀礼だ。日本人は満月だけではなく、さまざまな月の形に美を見出した。

お月見団子は月へ祈りと感謝を届ける霊界への架け橋

日本の貴族社会でも、広月を題材に歌を詠み、宴を催し遊びに興じていた。江戸時代には、秋の収穫祭として庶民にまで親しまれるようになり、「月見」が定着したと考えられている。

◆◆◆

お月見といえば、ピラミッド型に高く積み上げられた丸い団子が象徴的だ。この形には意味があり、空に向かって高く積み上げることでその先端が霊界に繋がると考えられていた。

この団子を子どもたちが盗む「団子刺し」と呼ばれる風習があり、供えた餅がなくなるのは神が召し上がったからだと考えられ、盗まれるほどよいとされた。

Culture

「十三夜」と「十五夜」はセットの行事

十五夜の他に、その約1カ月後に行われる旧暦9月13日の「十三夜」がある。十三夜は十五夜の次に美しい名月と言われており、必ず十五夜とセットで月見をする風習があった。どちらか一方のみの場合は「片見月」といい、縁起が悪いと考えらえていた。

大掃除は身を清める神事

年越し

【toshikoshi】

年末に行う大掃除はかつて神事であり、
1年の穢れを清める大切な行事だった。

旧暦12月13日の煤《すす》払《ばら》いは平安時代から続くお清めの神事

お盆の前、夏越の祓や七夕に罪や穢れを清めたように、祖先の霊を迎える正月に備えて、年末の人々は自分の体や住まい、周辺をきれいにする必要があった。それは大掃除という風習として残っている。

年末の大掃除は平安時代の宮中で始まったとされる。正月の神様である歳神様を迎えるため家の中を綺麗にする宮廷行事があったのだ。

江戸時代の庶民は11月の酉《とり》の市を年越し準備の開始ととらえたという。今でも商売繁盛の熊手を扱うことで有名な市だ。その後、12月の13日頃、新年を迎える前の事始めとして煤払いが始まる。昔の家には煙や炎から出た黒い煤が付いていて、これをきれいにしたことから「煤払い」と呼ばれるようになった。

12月13日に煤払いをするようになったのは江戸時代からのこと。江戸城で煤払いを行っていたのか庶民にも伝わったのだという。

大晦日には、神社では年越しの大祓が行われる。夏と同様、大祓詞が

12月13日は「鬼宿日《きしゅくび》」

Culture

煤払いが12月13日に行われることが多い理由として、この日が「鬼宿日」だということがある。鬼が宿にいて邪魔をされず、運気が良い日として大掃除をしたのである。

歌川広重『王《おう》子《じ》装《しょう》束《ぞく》ゑ《え》の木《き》大《おお》晦《みそ》日《か》の狐《きつね》火《び》』（名所江戸百景より）大晦日の夜、狐たちが榎の下に集まり、ここで衣裳を整えて王子稲荷社に参上したという伝承を描く。

奏上され、神の人形（形代）に穢れを移す。茅の輪神事を行う神社も多い。こうして物質的、精神的に心身を浄化し、ようやく祖先の霊と新しい歳神様をお迎えすることができるのだ。

◈
◈
◈

新年と旧年の境目は魔が忍び込む不安的な時間と考えられていた

かつての習わしとして、大晦日に囲炉裏の火を絶やしてはならないという風習があった。それは、火が家を象徴するものと考えられていたことと深い関わりがある。

特に1年と旧年の境目である大晦日の夜は、不安定な時間帯として考えられていた。不吉なものを寄せ付けないためにも、火種を翌年に繋ぐことは、家を繋ぐことにほかならなかったのだ。そういうわけで、大晦日から元日への年越しは、少なくとも一家の誰かが、寝ないでいるのが習わしになったようだ。

◈
◈
◈

お寺では、深夜まで除夜の鐘が鳴り響く。108という回数は煩悩の数、あるいは「12か月、24節気、72

候」を合わせた数だとも言われる。
鐘の音を聞きながら寝ずの番。こうして年越しの夜が更ける。

年越しの風習

酉の市や大掃除、除夜の鐘——年末は異界から歳神様を迎えたり、新しい年の幸せを願ったりする儀礼が目白押しとなっている。

熊手
幸運をかき集める商売繁盛の縁起物といわれている

大掃除
平安時代から始める歳神様を迎えるための準備

年取り魚
大晦日や年越しの際に食べる魚

火を絶やさない
不吉なものを寄せつけないために、火種を翌年につなぐ

除夜の鐘
除夜の鐘には不浄なものを祓う力があるという

年越しの夜は特別な食事をとる風習がある。たとえば関西はブリ、関東はサケを縁起物である「年取り魚」として食べることが伝わっている。

現在もよく知られている「年越しそば」は、江戸時代には庶民の間で広まり始めていた。金銀細工の職人が床の掃除にそば粉を団子のように練った「そばがき」を使ったことから、「金を集める」縁起のよい食べ物とされたというのがひとつの由来である。他にも、細く長い形状が長寿に通ずる、そばの実が持つ生命力など、諸説があって定かではない。

Culture

大掃除の習慣は穢れを祓う儀式から生まれた

新しい歳を迎えるために行われる年末の大掃除は、先述したように、その起源は平安時代にまでさかのぼる。当時の人々は、正月に神社に参詣しご利益のあるお札をもらい、神棚や天井裏に供えた。一年後、そのお札は穢れがたまっていると考えられ、どんど祭りなどで燃やして浄化される。1年の穢れを浄化するこうした儀式は、掃除の習慣に結び付き、現在のかたちに至ったと考えられてる。

Column 3

羽根つきや凧揚げにも呪術的な意味合いがあった

正月に行われる子どもの遊びは邪気払いや魔除けの儀式を兼ねていた

近年では見かけることが少なくなったが、かつては正月の風物詩だった羽根つき。羽子板と呼ばれる木製の板を使って、羽根のついた木製の球を打ち合う遊びなのだが、もともとは毬杖《ぎっちょう》という宮中で行われた遊戯であった。これは中国から伝わった遊びで、日本では奈良時代には存在していたという。

最初は球には羽根がなかったが、室町時代以降に現在のスタイルとほぼ同じになった。球に使われた素材はムクロジの木で、漢字で書くと「無患子」になる。患いのない子と読めることと、数珠に用いられることから、魔除けの効果があるとされた樹木である。正月に行う羽根つきは、厄払いの儀式も兼ねていたのだ。

ちなみに、ムクロジの木で作られた球は、昆虫のトンボを見立てている。トンボは蚊を食べることから、子どもたちが蚊に刺されないようにと願うおまじないでもあった。蚊はマラリアやフィラリアといった病気を媒介するため、当時の人にとっては生死に関わる脅威だったのだ。また、江戸時代になると、邪気をはね（羽根）のけ、健やかに成人するようにという願いを込めて、女児が生まれると羽子板を贈るという習慣が盛んになった。

正月遊びの代表格といえば、も

うひとつ、凧揚げがある。こちらも呪術的な意味合いがあったのだろうか。じつは凧揚げには、陰陽道のルーツとなった陰陽五行説が関係している。新年は、木・火・土・金・水の中で、火の力を強める必要があるとされ、凧の形が炎という字に似ていたことから、縁起がいいとされていたのだ。

　ちなみに、凧揚げは「イカのぼり」と呼ばれていた。しかし、凧同士がぶつかり喧嘩が勃発したり、ケガ人や死者が出たため江戸幕府がイカのぼり禁止令を出したという。そこから江戸町民たちは、「私たちはイカのぼりではなく、凧揚げをしている」と言い訳をしたそうだ。

二代目・歌川広重が描いた丸凧。江戸時代になると、凧揚げは庶民の娯楽として親しまれた。

MEMO

凧揚げは羽子板と同様に中国から伝わったもので、元々は軍事目的で合図として使われていた。また、正月に凧揚げをするのは、男児の成長や、健康祈願の意味合いもあるとされている。

第4章
芸能と異界

能や相撲などの日本の伝統芸能には、
神事をもとにしたしきたりや作法がある。
人と神が繋がる場として、「異界」をどう創り上げたのか、
本章で説明していく。

能楽
文楽
舞
雅楽
茶道
相撲

神や精霊を演じる幽玄の世界

能楽

【nougaku】

独特の世界観をもつ能楽の世界。
能舞台には神聖な異界的空間が広がっている。

観客は脇役の視点を通じて異界を覗き見る

日本の伝統芸能で、ユネスコの無形文化遺産にも登録されている能楽は能と狂言の総称だ。このうち狂言は、世俗的な内容を持ったコメディとも言えるもの。一方の能は、神話や歴史を題材にした歌舞劇。大別すると現在能と夢幻能がある。

能では主役をシテ、脇役をワキという。現在能におけるシテは生きている人間を演じるが、夢幻能におけるシテは、神や鬼、精霊など異界の者を演じる。そして我々と同じこの世の住人であるワキが、異界の住人と出会って異界に足を踏み入れ、やがて戻ってくるというのがストーリーの基本となっている。つまり観客は、ワキの視点を通して異界と、そこの住人であるシテの存在を感じるという構図だ。ワキは境界を示す言葉だが、能においてはまさにこの

「神様」が降臨する『翁《おきな》』

Tradition

『翁』という最古の演目は、能の中で一番格式高いものと言われている。物語が存在しないため「能にして能にあらず」と呼ばれているこの演目は神事に近く、演者は上演前に精進潔斎《しょうじんけっさい》を行い、観客は上演中会場の出入りが禁じられるほど。冒頭に歌われる「とうとうたらり…」という言葉があるが、その意味は未だ謎のままだ。

世とあの世をつなぐ境界の存在として、観客を異界に誘う役割を負っているのである。

◈
◈
◈

異界そのものを表す能舞台の神秘的なつくり

屋内に設えられる現代の能舞台には屋根がついているが、これはもともと社寺の境内に建てられていたことに由来する。見所《けんしょ》といわれる観客席は、この舞台を扇形に囲む形に並んでいる。舞台正面の奥の板（鏡板《かがみいた》）に描かれた松の絵——鏡の松と言われるこの松は、神が降臨すると伝えられる春日大社《かすがたいしゃ》の影向《ようごう》の松を模したものである。

能は、松を依代に降りてきた神や精霊に見せるため演じるのが建前である。したがって本来、松は演者の前にあるものだった。しかし、それでは観客が見づらいため、俗説では舞台のうしろの鏡に映っているという体裁をとったとされる。舞台袖と本舞台をつなぐ橋掛かりにも、廊下に沿って一ノ松、二ノ松、三ノ松と呼ばれる3本の松が

神と一体化する笏

UNDERWORLD

能楽師が持っている板のような笏には、神霊を招く力を持つとされ、その者自身に神が降臨し神聖な存在になることを示しているという。

本舞台と橋掛かりからなる能舞台

日本の伝統的な演劇である能楽。その舞台空間には、橋掛かりというこの世とあの世をつなぐ境界が存在している。

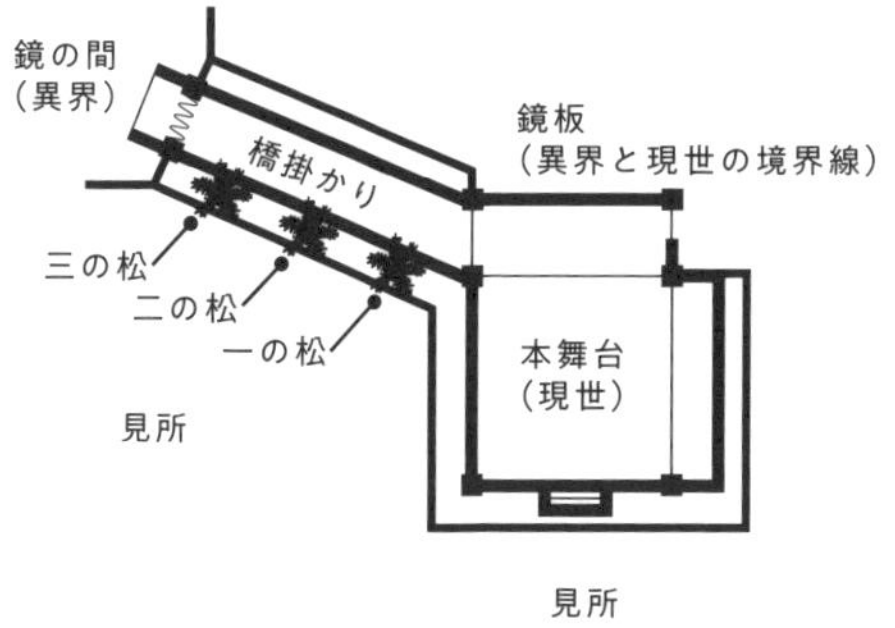

あの世とこの世を表現した舞台空間だけでなく、怨霊を鎮める演目なども多い能楽。室町時代から続くこの伝統芸能は、じつは異界と関わりが深い。

立っている。これらの松が順に高さが低くなっていくのは、廊下の微妙な傾斜と相まって遠近感を演出するためだ。袖から現れたシテが、やがて同じようにして袖へと去って行く。つまり橋掛かりは、現世と異界をつなぐ道のようなものなのだ。能はこのように、舞台の構造からして非日常を演出するように設計されているのである。

　また、能舞台の床下に甕《かめ》を埋める場合がある。これは足拍子を共鳴させるために設置されたと考えられているが、魔除けだった可能性もあるという。これは地域によって屋敷の玄関下に甕を埋めて玄関を守る風習があり、呪物としても考えられている。

Culture

能のお面

　主役のシテは、能のお面を付けることで神様や鬼、幽霊といった異界の者に変身する。演者は舞台の奥に位置する特別な空間で能面をかけるのだ。ちなみに能面を身に付けることを「かぶる」とはいわず「かける」という。役に憑依する意味合いが含まれている。

魂が宿る操り人形

文楽

【bunraku】

人形がまるで生きているかのように動き出す
人形芸を文楽や人形浄瑠璃という。

人形まわしは神聖な芸能

Tradition

人形を呪物として扱うとき、その使い方は2パターンある。ひとつは人形を一定の場所に置く方法、もうひとつは人形を手に取り動かす方法だ。文楽は後者のパターンで、人形を舞わすことで人形は神の依代となるのだ。

古来、依代・呪具として用いられた人形を人の代わりに〝演者〟として位置づけた芸能

能楽同様、2008年は、ユネスコの無形文化遺産に登録された文楽は、江戸時代に生まれた人形芝居で、日本の伝統芸能のひとつとして今に伝えられる。人形劇は世界中の多くの国々で独自の発展を見せているが、文楽が異色なのは対象を子どもとしない大人のための芸能としている点だろう。人形をあやつるのは、「三業《さんぎょう》」と称する3人の遣い手。物語を語る「太夫《たゆう》」、そして「三味線」、「人形遣い」が三位一体となり、生身の人間でも表現できない微妙な心のひだを、精緻に作り上げられた文楽人形に演じさせるのだ。日本において人形は、そもそも神や霊を降ろす依代の性質を持っていた。また、災厄を身代

西宮傀儡師《うつのみやくぐつし》。（摂津名所図会より）西宮は人形操り発祥の地と呼ばれ、室町時代以降、西宮神社の周辺には「えびす信仰」を広める傀儡師たちが集まった。

わりに受け止める呪具として用いられることもある。人間の形を模した、まさに「ヒトガタ」だったのだ。古来、神事や呪術に使われた人形が、日本では文楽という芸能へと発展を遂げていったのである。

◈◈◈

傀儡子たちが源流となった文楽のルーツ

文楽は人形浄瑠璃《にんぎょうじょうるり》の一系統に過ぎないが、大正時代以降は大手興行元が文楽座のみとなったため、現在は両者をほぼ同義で用いることが多い。この人形浄瑠璃文楽に連なる日本の人形芝居の源流はどこにあるのだろう。奈良時代に大和朝廷に反抗をする隼《はや》人《と》を攻める際、傀儡子《くぐつ》の舞を演じて相手の気を惹き、その隙を突いたという逸話がある。平定後には、隼人の怨霊を鎮めるための放生会《ほうじょうえ》が宇佐八幡宮にて行われた。このとき宇佐八幡宮の末社である大分県の古要《こよう》神社と福岡県の八幡古表《はちまんこひょう》神社から傀儡子の舞が奉納された。両社にはこのときの神事が今も伝えられている。傀儡子《くぐつし》は傀儡（あやつり人形）を使う芸人のことで、傀儡まわし、傀儡師ともいう。平安時代にはすでに職業として存在していた。この傀儡子たちが江戸時代初期に、琉球から伝わった三味線や語り物の音楽を取り込んで、人形浄瑠璃の原型を作ったと考えられている。

天和4年（1684年）、竹本義太夫《たけもとぎだゆう》という浄瑠璃語りが大坂の道頓堀に「竹本座」を創設した。この竹本が始めた浄瑠璃を義太夫節という。近松門左衛門《ちかまつもんざえもん》を座付きの戯曲家として迎えた竹本座は、義太夫節の演奏を伴う数々の新しい人形浄瑠璃を発表し、大変な人気を博したのだった。

人形《ひとがた》は文楽の原点

相手を呪ったり、災厄を受け止めたりするために人形と呼ばれる人形が用いられた。人形こそが文楽と原点だと考えられている。

人形
祭祀や呪いに用いられた人の形をした道具

人面墨書土器《じんめんぼくしょどき》
人形と同様に祭祀に使われた人の顔をした土器

文楽
時代が下り、祭祀などに使われた人形は文楽へと変化

人形遣い・三味線・太夫の三業一体の芸能

History

人形がまるで生きているかのように見えるのは、文楽の３つのパートによるものである。人形を操る人形遣いと、音で魂を吹き込む三味線、そして人形の心情を声で伝える太夫だ。

Culture

福を授ける「阿波の三番叟まわし」

現代にも残る傀儡まわし芸として徳島県にある「三番叟まわし」がある。正月に芸人が三番叟（千歳・翁・三番叟）とえびすの四体を舞わせ、舞の後に芸人はえびすを遣い頭や手を撫でていく。こうすることで門付けを行い福を授けるのだ。かつては正月行事や祭礼の際、傀儡師たちが各家にまわり農作などの予祝をした。操り人形は神そのものと考えらていたのである。

神と人が繋がる呪術的な儀式

舞

【mai】

巫女の舞は、神を呼び寄せ、
神と一体化するための儀式だった。

地を足で擦るように左右に旋回する舞
神楽では巫女が神懸かりの儀式として行う

「舞」という言葉は広く舞踏の意味でも使われるが、本来の舞は回転運動である。足で地を擦るように右に回り、左に回り返しと旋回をくり返していくのが基本だ。対して上下の跳躍運動が主となるのが「踊り」で、合わせて舞踏ということが多い。

現在、舞というと太鼓や笛、拍子のお囃子で舞う神楽《かぐら》や舞楽、能などで演じられる舞踏を指すのが一般的だ。神事として行われる神楽は、歌舞を伴う日本の伝統芸能のひとつ。これには宮中行事の御神楽《みかぐら》と民間で行なわれる里神楽《さとかぐら》がある。御神楽は雅楽の一種で、単に神楽というときは里神楽を指す。

日本各地に伝えられる里神楽の中で、祈祷《きとう》や奉納に際して巫女が舞うのが巫女舞《みこまい》である。神楽は、

平安時代から続く
春日大社の巫女神楽「社伝神楽」

Tradition

奈良県の春日大社で行われる「社伝神楽」は、平安時代初期を起源とする歴史ある巫女神楽だ。八乙女と呼ばれる8人の御巫《みかんこ》（巫女）が神楽を舞い、国家安泰を祈る。神楽の初めに「神おろし」という秘曲を奏し、最上位の御巫が「千代まで」という曲を舞う。

神人一体の神がかりの儀式

神楽の語源は神座《かみくら》というのが定説となっている。神座は神が降りる神聖な場所。この「かみくら」が「かむくら」、次いで「かぐら」と変化していった。依代《よりしろ》としての神座に神を迎え、その奉納の儀式として歌舞を演じる。神懸かりで行われる舞は、まさに今でいうトランス状態のような感じだったのだろう。この神と人が交わる呪術的な儀式が、やがて神楽として発展していった。各地に伝わった里神楽には、巫女神楽（巫女舞）の他、お湯を沸かした大釜に神を降ろす湯立《ゆたて》神楽、獅子頭を神体として回せる獅子神楽、多彩な持ち物を手に舞う採物《とりもの》神楽など、様々なものがある。

神楽はもともと、日本神話で太陽神の天照大御神が岩戸隠れをしたとき、アメノウズメという芸能の女神が神懸かりし

神が巫女に降りて舞う神懸かりの儀式として行われていた。つまり巫女舞こそ神楽の原点ということができるだろう。巫女舞で巫女たちが鳴らす鈴は、神への呼びかけに用いる重要な神具である。

神楽の舞は回転運動が基本スタイル

History

ぐるぐると回っているうちに頭がクラクラしてしまうのを誰しも経験したことがあるだろう。この状態をかつての人々は神懸かりとし、右に回り左に回る回転運動が巫女神楽の基本的な動きとなった。

春斎年昌『天岩戸神話の天照大御神』（1887年）神楽のルーツとなった『天岩戸神話』。
巫女が桶の上で、神楽を舞っている姿を描く。

て舞ったエピソードに由来する。アメノウズメは天照大御神が隠れる岩戸の前で、伏せた桶を踏みとどろかせた。この動作は神楽の舞に見られる反《へん》閇《ばい》に通じる。反閇は日本の古典芸能ではおなじみの動作で、足で地を踏み固める行為のことだ。地下の悪霊や邪気を押さえつける意味を持っている。

　また、このとき踊り台となっている桶にも呪力があると考えられていた。桶の中の中空となっている形状は古くから神霊が現れる呪物とされることが多い。その空間から鳴りだす音には神を引き寄せる力が秘められている。

Culture

神様の依代として幅広く活躍する「扇」

　別名扇子とも言われる扇は、平安時代に生まれ、日常的に儀礼や祭礼の場でも多く使われた。扇は神事や、能楽や舞踊などの芸能にも重要な小道具であり、神を降臨させ依代としての意味があった。この信仰は古くからあり、熊野那智大社の扇祭では、主役として扇神輿が登場する。民俗行事や人生儀礼にも厄除けとして利用されている。

千年続く古代の音色

雅楽

【gagaku】

世界最古の合奏音楽とされる雅楽。
その神秘的な音にはさまざまな意味が込められている。

形をほとんど変えず現代まで受け継がれる宮廷音楽

古墳時代から飛鳥時代にかけて、大陸からアジアの音楽が、そして朝鮮半島からは楽人が楽器を手に海を渡ってやって来た。それら渡来の音楽が日本古来の音楽と融合し、7～8世紀に日本独自の芸能である雅楽の原型が作り上げられた。

宮廷音楽、寺社で使われる儀式音楽として定着した雅楽だが、10世紀頃、それまで行われていた芸能を3つの分野に集約統合することで完成を見る。まず日本古来より伝わる歌舞——神楽《かぐら》、東遊《あずまあそび》、久米歌《くめうた》などだ。次に大陸や半島から渡来した芸能——いわゆる唐《とう》楽《がく》、高麗楽《こまがく》。3つ目が10世紀頃に起こった朗詠《ろうえい》・催馬楽《さいばら》といった歌い物である。

この平安の楽制改革を機に、上記3系統に属さない音楽や楽器は雅楽から除外された。雅楽が世

聖徳太子が出陣する際に演奏された「陪臚《ばいろ》」

UNDERWORLD

聖徳太子が物部守屋《もののべのもりや》を討つために出陣する際、『陪臚』を演奏して勝利を得たという逸話がある。この時、「舎毛音《しゅもういん》」という仏の白毫《びゃくごう》から放たれた光の音が聞こえたとされる。その伝説を受け、八幡太郎《はちまんたろう》・源義家《みなもとのよしいえ》も出陣の際、陪臚を演奏させたという。

界最古の音楽といわれる由来は、このときに定まった音楽理論や形式が、今日までほとんど形を変えずに残っているからである。

◈
◈
◈

古代のシャーマンは、楽器とそれが奏でる音によって神と繋がった。そうした呪術的な性質を残すのが、現存する世界最古の合奏音楽とされる雅楽だ。雅楽には篳篥《ひちりき》・笙《しょう》・龍笛《りゅうてき》の管楽器（三管）と、琵琶《びわ》・箏《そう》の絃楽器、そして太鼓・鞨鼓《かっこ》・鉦鼓《しょうこ》の打楽器が使われる。

篳篥・笙・龍笛の3管が生み出す宇宙の調和

三管は雅楽演奏の中心的役割を果たすと同時に、それぞれスピリチュアルな背景を持っている。主旋律を担う篳篥の音色は大地にある人の声を、鳳凰《ほうおう》が翼を立てて休む姿に見立てた笙の音色は天から射し込む光を表すとされる。そして龍笛の音色は天地の間を泳ぐ龍の声を表現する。これら三管を合奏することで、雅楽は宇宙を表現しているのである。

万物は陰と陽の2つか

「虫よけの曲」がある

History

雅楽には「甘州《かんしゅう》」という虫よけの曲がある。中国の故事に基づいた曲で、稲穂に付く虫を食べる鳥の鳴き声を模した音が含まれている。

ら成るとする陰陽思想と、あらゆる事象を木火土金水の5元素にあてはめる五行思想——両者を体系化したのが陰陽五行説だが、雅楽で奏でられる調子もまた、宇宙の法則ともいえるこの思想に則っている。雅楽のうち大陸由来の唐楽には壱越調《いちこつちょう》、平調《ひょうじょう》、双調《そうじょう》、黄鐘調《おうしきちょう》、盤鐘調《ばんしきちょう》、太食《たいしき》調《ちょう》の6つの調子があるが、五行説の当てはめると壱越調＝土（全ての四季）、平調＝金（秋）、双調＝木（春）、黄鐘調＝火（夏）、盤鐘調＝水（冬）となっている。雅楽の曲には五行説が表す季節と関係するものがあり、例えば「青海波《せいがいは》」という曲は盤鐘調のため旧暦の冬に演奏される。太食調を除く5つの調子は五行とそれぞれ結びついているのだ。

雅楽と五行の関係

雅楽の楽器によって奏でられる6調子。その中の5つの調子は、宇宙の法則といわれる陰陽五行に深く関係している。

双　調	春や東方、木の音を意味する
黄鐘調	夏や南方、火の音を意味する
平　調	秋や西方、金の音を意味する
盤渉調	冬や北方、水の音を意味する
壱越調	土用や中央、土の音を意味する

5つの調子には、五行だけでなく季節や方角の意味もある。

Culture

箏・竜笛・笙は天地人を表す

雅楽の器楽のひとつに箏（楽琴）がある。奈良時代に中国から伝わり、雅楽で管弦の合奏などに用いられるようになった。箏は龍の姿に見立てられ、各名称には龍の名前が付けられている。また、箏は古代の占いにも用いられ、箏を弾くことで神霊を招き、神懸かりした人の宣託により吉凶を占う「琴占」があった。

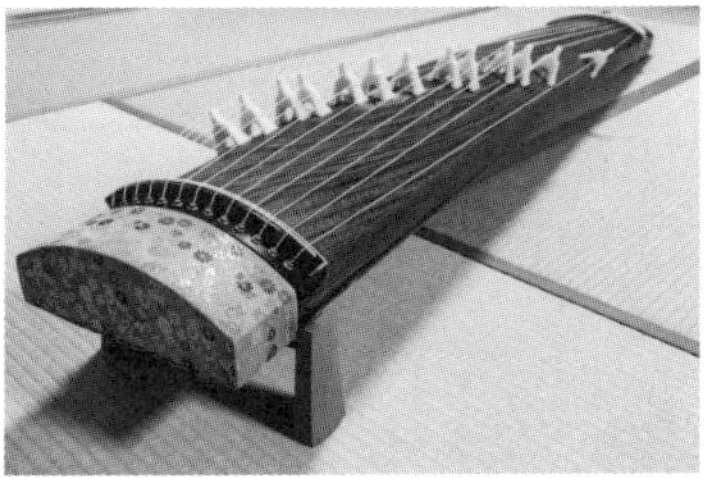

境界で仕切られた聖域の空間

茶道

【sadou】

茶室にはおもてなしをする特別な空間として、
様々な境界が貼りめぐらされている。

境界には神がいる。古来、日本人はそう考えてきた。たとえば家の出入り口、天井、竈《かまど》、井戸、そして厠《かわや》。境界は、日常生活のあちこちに見

ハレとケ——日常と非日常を分けた茶道のしきたり

天上の高さにも意味がある空間の境界線

Tradition

茶室の天井を見上げると、高さに違いがあることに気付く。これは、客人が座る位置の天井を高くすることで、格が上であることを表しているためだ。茶道の精神であるおもてなしには、こうした空間的な境界線も存在している。

られる。こうしたこの世と異界をつなぐ境界は、神聖視され、同時に畏れられる場所でもあった。茶室も同様である。

当初、茶室は「囲い」といった。広間の隅を屏風《びょうぶ》で囲って、茶事のための特殊な空間を作ったのである。つまり境界を設定し、日常と非日常を切り分けたのだ。茶道がハレ（非日常）とケ（日常）を分ける境界の儀式だとしたら、そこにはルールが生じる。神の降りる場所であるがゆえに、世俗の塵を持ち込まぬための決まりが必要となる。

茶道では、茶室に続く露地では履いてきた沓《くつ》を脱ぎ、草履に履き替える決まりだ。路地は異界への入口。穢してはならない。神のおわします場所に、世俗のあれやこれやを持ち込まぬためのルールである。

畳の縁は外と内の境界線をあらわす

茶を点《た》てる際の正しい座り位置を居前《いまえ》という。亭主と客が挨拶を交わすとき、茶道では互いに居前に扇子を置くのが作法だ。これは一線を画することで、互いの立場や空間を侵さないという宣言のようなもの。こうして境界を意識し合うことが、茶道では常に求められる。

　畳の縁を踏んではいけないというのは、和室のマナーでよく言われるところだ。なぜならば畳は各々の空間を示し、その縁は境界そのものだからだ。亭主が点前をする畳、客が座る畳、人が移動する畳というように、個々の畳はそれぞれ役割を持っている。その縁を踏むということは役割を侵す、ひいては境界を穢すことにもなる。

　一方、道具を置く場所や点てたお茶を出す場所など、目には見えない領域、空間もある。それらも決して踏まぬよう細心の注意を払わなければならない。厳しいルール、かしこまった作法を息苦

2段階で身を清める露地のつくり

History

茶室の外にある椅子は『外露地』という待機する場所。中門を通ると『内露地』に入り、蹲で身を清める。外露地と内露地の2段階で神聖な茶室に入る構造を「二重露地」という。

境界線に重きを置く茶道

茶道で使われる茶室は、日常とは異なる空間であるがゆえに、異界と見立てることもできる。また、畳にはそれぞれ役割があり名前も異なっている。

境界線を引くことで、茶道でも現世と異界の区別があるとされている。

しく感じることもあるかもしれないが、非日常に身を置くときにはおのずと節度が必要となってくる。茶道に限った話ではないが、境界を意識することが、亭主と客の関係性をよりよいものとするのだ。

◈◈◈

茶の湯の世界では、中国の古代思想である陰陽五行説に基づいた行事や道具もある。道具としては「五行棚《ごぎょうだな》」と呼ばれる小棚がある。四角い天板と地板の間に三本の竹柱が立っていて、主に湯をわかす風炉などを置く。天板と地板の中に五行説にあてはまる道具を入れることから五行棚と呼ばれ、棚や杓を「木」、炭火を「火」、土風炉や灰を「土」、窯や風炉を「金」、湯を「水」と当てはめた。

Culture

陰陽五行説にもとづいた茶道具

茶の湯では、11月の亥月《がいげつ》に「炉開き」や「口切《くちきり》の茶事」という行事が行われる。新茶の茶葉が入った茶壷の封を切り、臼でひき新茶をいただくハレの茶事で、「茶人のお正月」とも呼ばれている。11月の亥月は、陰陽五行説で陰の気が高まる時期とされ「水気」にあたる。そのため、火によって陽の気を取り入れるために、炉開きが行われるのだ。茶の湯の茶事には陰陽五行説の思想も深く関わっていることがわかる。

陰陽道で形作られた神聖な土俵

相撲

【sumou】

相撲の成り立ちは歴史が深く、神話時代に遡る。
神事にまつわる作法やしきたりが多く存在する。

四股を踏み邪気を祓う

History

四股を踏むという行為は、足で大地を踏みしめて穢れを浄化する意味があるといわれている。四股とは、もともと「醜（しこ）」と書き、強いという意味があった。強い者を踏み破るという意味で四股が踏まれるようになったのだ。

神様同士の力比べが相撲の起源となり、奈良時代に行事として行われた

日本の国技ともいえる相撲だが、その起源は遙か神話の時代に求めることができる。『古事記』の国譲り神話の中で、建御雷神《たけみかづちのかみ》が出雲《いずも》の建御名方神《たけみなかたのかみ》と力比べを行うエピソードがある。また『日本書紀』には、垂仁《すいじん》天皇7年（紀元前3年）7月7日、天皇の勅命《ちょくめい》を賜った出雲国の野見宿禰《のみのすくね》が、大和国《やまとのくに》の当《たい》麻蹴速《まのけはや》と戦った様子が描かれている。

奈良時代には、この野見宿禰の説話にちなみ、毎年の七夕祭りの行事として、天皇や貴族たちを前に相撲が開催されるようになった。これが平安時代になると、相撲節会《すまいのせちえ》として宮中の年中行事へと発展していく。このように宮中が相撲を受け入れた土壌には、すでに各

相撲の所作や土俵空間は神聖な習わしで形作られている

地で農作物の収穫を占う儀式として相撲が盛んに行われていた事実があった。相撲は当時、五穀豊穣《ごこくほうじょう》、天下泰平を祈念する神事だったのである。

力士たちの振る舞いは、神事であるがゆえに独特の作法に沿っている。力士が土俵で拍手《かしわで》を打つのは、そこが神の宿る場所だから。塩を撒くのは穢れを清めるためで、四股《しこ》を踏むのは邪気を祓うためだ。大地を踏みしめる行為が、豊作につながるという考え方による。

柄杓《ひしゃく》に入った力水《ちからみず》を口に含むのも、神社などにある手水《ちょうず》と同じ。「はっけよい」という行事の掛け声も、万事問題ないことを示す「八卦良い」が語源だ。そもそも横綱の締める綱は神のいる場所を示す注連縄《しめなわ》と同等。横綱は神そのものなのだ。

軍配は神を呼び寄せる道具だった

Tradition

行司が手にしている団扇のようなものを軍配という。軍配は戦国時代以降、武将の指揮用具として使われたり、呪術者が戦の勝敗を占うために用いられるようになった。あおいで風を起こすことで、霊力を高める効果があると考えられたのである。相撲の軍配は、戦国時代に武士たちが相撲をとるとき行司役が勝敗を裁くため軍配を使用していたため、定着したと考えられている。

当麻蹶速と相撲を取る野見宿禰（月岡芳年『芳年武者无類』より）

Culture

土俵に張り巡らされたさまざまな結界

相撲の舞台は中国伝来の陰陽五行説に基づいている。土を盛った土俵は四角形で陰。内側の俵に囲まれた部分は円形で陽を表す。また、吊り屋根は、かつては4本の柱が立ち、それぞれ東に青（緑）、南に赤、西に白、北に黒の布が巻かれていた。これに土俵の黄色を加えた5色は五行説に対応する。今は柱がないため、吊り屋根の四方から四色の房が下がっている。行事の軍配に描かれる日と月も、日は陽、月は陰でこれも陰陽を表している。

Column 4

伝統儀式の流鏑馬《やぶさめ》は魔除けの儀式だった

「インヨー（陰陽）」と叫んで矢を放つ流鏑馬は陰陽道に通じている

馬にまたがりながら弓をつがえ、遠く離れた的に矢を射る日本の伝統儀式——流鏑馬。平安時代から存在し、鎌倉時代に盛んに行われた武家の行事である。鎌倉幕府を開いた源頼朝が、鶴岡八幡宮に奉納したことによって、流鏑馬は神事となった。北条時宗の執権時代までに、鶴岡八幡宮では47回の流鏑馬が納められたといわれている。

この流鏑馬は単なるスポーツや軍事訓練ではなく、天下泰平や国家安穏の祈りを込めて行われる儀式。馬上の騎手が弓を射る際に発する言葉は「インヨー（陰陽）」と、ここにも陰陽道の思想が取り入れられている。また、流派によって違いはあるが、礼法や行事における設営法などは陰陽道の方位や数学に基づいている。さらに、インヨー（陰陽）という掛け声には、異界の住人である神と呼応するという意味が込められているという。

ちなみに、流鏑馬は幾度となく断絶しており、鎌倉時代からずっと継続していたわけではなく、復活するたびに新たに考案されたものになっている。応仁・文明の乱以降、数百年間まったく行われていなかったが、江戸幕府・8代将軍の徳川吉宗が将軍家の神事として、流鏑馬を復活させた。その後、将軍の厄除けや誕生祈願の際に流鏑馬は行われるも、明治維新の幕府解体によって再び断絶してしまった。ただ、現在は日本各地の神社などで盛んに行われている。
　しかし、なぜ軍事訓練であるはずの流鏑馬が神事となったのであろうか。それには、馬が関係していると言われている。馬は神様が異界から人間世界にやってくる際の乗り物とされており、神社との縁が深い動物なのである。神社に行くと絵馬が売られているが、これは古代には生きた馬を奉納する習俗があったことに由来する。時代が降って馬の代わりに土や木でできた馬を献上するようになったという。それが簡略化され、板に馬の絵が描かれた絵馬が登場したのだ。ちなみに、絵馬は奈良時代にはすでにあったという。

江戸時代に高田馬場で開かれた流鏑馬。天然痘に罹患した徳川家重の快癒祈願が目的であった。

MEMO

平安時代に神道と仏教が融合した神仏習合により、観音菩薩も馬に騎乗するという説が広まった。神社だけでなく、寺院にも絵馬を納める風習があるのはそのためである。

索引

参考文献

『日本現代怪異事典』朝里樹著（笠間書院）
『日本現代怪異事典 副読本』朝里樹著（笠間書院）
『歴史人物怪異談事典』朝里樹著（幻冬舎）
『山と里の信仰史』宮田登著（吉川弘文館）
『年中行事で五感を味わう』山下柚実著（岩波書店）
『知識ゼロからの 神社と祭り入門』瓜生中著（幻冬舎）
『初めての能・狂言』山崎有一郎監（小学館）
『呪い方、教えます。』宮島鏡著（作品社）
『禁忌習俗事典 タブーの民俗学手帳』柳田国男著（河出書房新社）
『神楽と出会う本』三上敏視著（アルテスパブリッシング）
『日本の民俗信仰を知るための30章』八木透著（淡交社）
『鬼がつくった国・日本』小松和彦・内藤正敏著（光文社）
『知れば恐ろしい日本人のことば』日本語倶楽部編（河出書房新社）
『お咒い日和 その解説と実際』加門七海著（KADOKAWA）
『なるほど！ 民俗学』新谷尚紀著（PHP研究所）
『〔縮刷版〕神道事典』國學院大學日本文化研究所編（弘文堂）
『神社の解剖図鑑』米澤貴紀著（エクスナレッジ）
『まじないの文化史 日本の呪術を読み解く』新潟県立歴史博物館監（河出書房新社）
『「女人禁制」Q&A』源淳子編（解放出版社）

『日本の妖怪と幽霊完全ガイド』１００％ムックシリーズ（晋遊舎）
『妖怪学新考　妖怪からみる日本人の心』小松和彦著（小学館）
『すぐわかる　茶室の見かた【改訂版】』前久夫著（東京美術）
『暮らしと年中行事』宮田登著（吉川弘文館）
『こんなに面白い民俗学』八木透・政岡伸洋編（ナツメ社）
『47都道府県・伝統行事百科』神崎宣武著（丸善出版）
『本当は怖い日本のしきたり』火田博文著（彩図社）
『庶民信仰と現世利益』宮本袈裟雄著（東京堂出版）
『しぐさの民俗学―呪術的世界と心性―』常光徹著（ミネルヴァ書房）
『知っているようで知らない邦楽おもしろ雑学事典』西川浩平著（ヤマハミュージックメディア）
『魔除け百科　かたちの謎を解く』岡田保造著（丸善）
『陰陽五行でわかる日本のならわし』長田なお著（淡交社）
『大人のための妖怪と鬼の昔ばなし』綜合ムック（綜合図書）
『神秘の道具　日本編』戸部民夫著（新紀元社）
『異界と日本人』小松和彦著（ＫＡＤＯＫＡＷＡ）
『知っておきたい日本の神話』瓜生中著（ＫＡＤＯＫＡＷＡ）
『日本の民俗【上】祭りと芸能』芳賀日出男著（クレオ）
『日本の民俗【下】暮らしと生業』芳賀日出男著（クレオ）

※その他、数多くの資料を参考にさせて頂きました。

監修　**朝里 樹**（あさざと　いつき）

怪異妖怪愛好家・作家。1990 年、北海道に生まれる。2014 年、法政大学文学部卒業。日本文学専攻。現在公務員として働く傍ら、在野で怪異・妖怪の収集・研究を行う。著書に『日本現代怪異事典』『世界現代怪異事典』（笠間書院）、『日本のおかしな現代妖怪図鑑』（幻冬舎）がある。

BOOK STAFF

企画・編集	細谷健次朗、柏もも子
営業	峯尾良久
編集協力	米良厚、野村郁朋
イラスト	アオジマイコ、ひじやともえ、まつしまゆうこ
表紙イラスト	アオジマイコ
校正	ヴェリタ
表紙・デザイン	山口喜秀（Q.design）
DTP	G.B. Design House

日本異界図典

初版発行　2021 年 1 月 30 日
第4 版発行　2023 年 11 月 30 日

監修　朝里 樹

発行人　坂尾昌昭
編集人　山田容子
発行所　株式会社 G.B.
〒 102-0072 東京都千代田区飯田橋 4-1-5
電話　03-3221-8013（営業・編集）
FAX　03-3221-8814（ご注文）
URL　https://www.gbnet.co.jp
印刷所　音羽印刷株式会社

乱丁・落丁本はお取り替えいたします。
本書の無断転載・複製を禁じます。
© Itsuki Asazato / G.B. company 2021 Printed in Japan
ISBN 978-4-906993-98-7